고쳐 지은 제비집

박기옥 수필집

홍 익 출 판 사

• • 책을 내면서 • •

마음의 문을 넓게 열고, 남의 말을 경청하는 것이 이순의 덕목이라 하였습니다.
아직도 집착의 굴레에서 벗어나지 못함을 안타까워합니다.

자연의 섭리에 순응하지 못하고 편협으로 뭉쳐진 가치관을
수필을 통해
치료하고자 이 길을 걷습니다.

건포도처럼 메말라가는 정서를 순화하고
혼탁한 영혼을 맑게 하는 계기로 삼고자 합니다.

이 글은 내가 태어나고 자라난 고향 마을과
마음의 고향인 우리 고장과 모교를 배경으로 많이
그렸습니다.

풋풋한 고향 냄새와 정겨운 모교를 잊을 수 없기 때문입니다.

유년시절의 추억을 들춰내며 오늘을 성찰하는 글을 쓰려고 하였지만,
이설픈 부분이 너무니 많습니다.

이제 수필의 씨앗을 뿌렸습니다. 정성스레 가꾸어
튼실한 열매가 맺도록 노력하겠습니다.
앞으로 글쓰기는 치열한 작가 정신을 들어붓겠습니다.

이 책이 나오기까지 도움을 주신 문우에게
고개 숙여 감사드립니다.

2011년 8월
박 기 옥

차 례

제1부
사색의 창

제2부

세상보기

제3부

갓바위골의 서사

제4부
한 울타리

제1부

사색의 창

고쳐 지은 제비집 / 흥정 / 사냥꾼 / 삼강오륜

개구리의 지혜 / 낚시 / 반딧불 / 향수

하늘이 운다 / 비자금 / 짝지

애마를 보내며 / 남근석 / 무지개

고쳐 지은 제비집

제비 부부는 리모델링 공사를 완벽하게 끝냈다. 처음 집을 지을 때는 둘만의 힘이었기에 상당한 시간이 걸렸으나 장성한 새끼의 도움으로 공사 기간은 빨랐다. 나의 말 없는 응원과 격려도 한몫하였으리라.

지난 사월 초, 처마 아래 둥지를 틀기 시작한 지 두어 달 만에 새끼제비는 어른이 되어 공중에서 제법 활개를 쳐댄다. 우리나라에서만 두 번 부화하니 번식력이 대단하다. 좁은 집에서 많은 식구가 생활하려니 둥지가 무지 불편했는가 보다.

그들은 거처할 공간을 더 넓힐 요량으로 옆 기둥에 새집을 지으려고 하였다. 아내는 뜰을 더럽히는 것을 더는 허용치 않으려는 듯 기초공사를 하기 바쁘게 번번이 부숴 버렸다. 몇 번 계속하다 보니 안주인의 마음을 읽었는지, 새집 짓는 일을 과감히 포기했다. 그 대신 기존 둥지를 고쳐 짓는 소위 리모델링 공사를 착수하지 않는가. 과연 영물인가 보다.

제비는 우선 비좁은 집을 확장하는 것으로 설계했다. 윗부분을 적당히 높이고 상단 좌우의 폭을 더 넓게 만들어 많은 식구가 거처하도록 시어나갔나. 검불과 진흙으로 이겨진 재료로 허술해진 곳마다 골고루 손을 보면서 튼튼하게 마무리하였다. 터실한 부위는 주둥이로 톡톡 쪼아내며 매끈하게 처리하는 외장공사는 진정 물 찬 제비 솜씨다웠다.

자식 낳고 양육하기 위해 처마 끝을 조금 빌리자고 했을 때, 하찮은 배설물로 말미암아 안주인의 야박함에 미련 없이 떠나고 말았을 텐데…. 참아 낸 것은 더 늘어날 가족의 안전을 염두에 두었으리라.

'구관이 명관이다.' 라는 걸 인식하고 옛집에 그대로 눌러앉는 그들의 영리함에 놀라울 따름이다. 줄기차게 집짓기를 막아대던 아내도 제비집 고쳐 짓는 공사는 방해할 수 없었던 모양이다. 자식을 낳고 키웠던 모성애가 작동하였음이리라. 생명 가진 동물인데 어찌 측은한 마음이 들지 않았을까.

평소 아내는 지금의 집을 헐고 번듯한 새집을 짓고 싶은 모양이었다.

'알 낳고 부화할 시기에 어떻게 제비집을 부수겠느냐.' 내심 걱정은 하면서도 새집에 대한 바람은 쉽게 접지 못하였다. 헐고 짓자는 압박을 수시로 받았지만, 허술한 대로 지금 사는 집을 개축하여 살고 싶었다. 산뜻한 새집을 싫다고 할 사람이 누가 있겠는가. 의견의 일치를 보기까지는 많은 시간과 타협이 필요했다. 헌 집을 고쳐 짓고자 하는 까닭은 여러 가지이다. 이곳에는 부모님의 따뜻한 체취와 숨결이 스며 있고, 올망졸망한 남매가 쌓아온 정겨움이 고스란히 담겨 있다. 또한, 더불어 살아갈 제비가 있으니 금상첨화錦上添花가 아닌가?

새집을 지으면 공간이 줄어들어 옛 자취를 앗아간다. 옛집이면 그 터에 화단을 가꾸어 사계절을 확인할 수 있다. 앞마당에는 싱싱한 상추와 고추, 가지나 배추로 입맛을 돋우고, 봄이면 감나무 꽃을 실에 꿰어 손녀에게 건네면서 유년의 추억으로 유영할 수 있어 좋다. 억수 같이 내리는 소나기 소리는 메마른 정서를 적셔 줄 것이다. 이른 아침, 온갖 새의 재잘거림이 상쾌하고, 저녁에는 개구리 울음소리 있어 무더위에 지친 심신을 시원하게 식혀준다. 귀뚜라미의 애잔한 울음소리는 울적한 마음을 쓰다듬고, 삼동에 문풍지 우는 소리는 운치를 더해줄 것이다. 이러한 정경이 한데 어우러진 풍경을 온전히 간직하려면 옛 정취 물씬 풍기는 허름한 집도 괜찮을 성싶다. 불편한 면도 없지는 않겠지만, 약간의 부족을 통하여 새롭게 채우려는 희망도 품을 터이다.

남들처럼 새집을 고집하는 아내의 주장과 헌 집이지만 깨끗하게 고쳐보자는 나의 의견이 맞섰을 때, 제비는 큰 응원군이 되었다. 아내의 마음을 돌리게 한 것도 그들의 덕택이었다. 한낱 미물인 제비도 현실을 바로 알고 실정에 맞춰가며 멋지게 고쳐 지었다. 나도 현재의 위치에서 그들처럼 아담하고 튼튼하게 꾸며보고 싶다. 적당한 처마도 살려 놓고 제비가족이 해마다 찾아오기를 바라는 것도 행복한 일이다.

언니 새끼들과 합류하여 일 개분대로 늘어나니 마당이 그득하다. 평상에서 아침밥을 먹는 나의 머리와 어깻죽지 위로 짓까부는 날갯짓이 마냥 살갑다. 더 친해지면 밥상머리에도 한 자리 차지하리라. 지혜로는 제비가 한 가족이 되었으니 또한 즐겁지 아니한가.

흥정

지저귀는 새 소리가 새벽잠을 깨웠다. 아침이슬처럼 영롱하다. 소나무 가지에는 참새가 재잘거리며 까불고, 전깃줄에는 제비 한 쌍이 지지배배 노래한다. 작년 가을 강남 갔던 그들이 돌아왔다. 삼월 삼진날이 지났는데도 기척이 없어 기다리던 참이었다. 반가워 손 흔듦에 주억주억 고개를 까닥인다.

숨 가쁜 날갯짓으로 지붕 아래를 선회하며 옛집의 안녕을 묻는다. 지난해 둥지는 허름한 슬레이트 처마 밑이었다. 살던 집은 흔적도 없이 사라지고, 그 대신 아크릴 처마로 매끈하게 변했으니 낯설었던지 당황해 하는 모습이다. 정들었던 주인과 옛집을 잊지 아니하고 찾아주니 가슴이 뿌듯하다. 반가움도 잠시뿐, 아내의 소프라노 목소리가 새벽 공기를 가른다.

"이놈의 제비 새끼 가져오라는 박씨는커녕, 똥만 갈기 뿌리네." 대나무 빗자루로 허우적허우적 쫓아내고 있다.

얼마나 황당했을까. 반기지는 못할망정 문전박대를 당하였으니. 제비는 실망을 안고 자취를 감추어 버렸다. 서러움에 눈물 젖어 발길을 돌리지 않았으랴. 며칠 동안 동리를 돌아봐도 그림자소차 발견할 수 없었나. 옛정을 못 잊어 찾아온 신 짐승을 베설물로 핑계 삼아 매몰차게 내치다니, 아내의 짓거리가 야속하고 미웠다. 그들의 의리를 익히 알고 있었던 터라

'언젠가는 돌아오겠지.'라고 굳게 믿었다. 그날을 대비하여 아내의 마음을 돌려놓는 것이 먼저 할 일이다. 사전 포석으로 심리전에 들어갔다.

"당신의 학대로 제비가 날아가 버렸으니 내 재미도 날아가 버렸네. 돈을 벌 의욕도 없어지고…."라고 내뱉고는 눈인사도 외면한 채 휑하니 출근을 해버리곤 하였다.

나의 예상은 맞아떨어졌다. 열흘쯤 지난 어느 날, 제비가 돌아왔다는 아내의 들뜬 목소리가 전화선을 타고 왔다. 풀죽은 나에게 위로가 담긴 전화임을 안다. 하찮은 짐승으로 남편의 늘어진

어깻죽지가 안쓰러웠을 것이고, 의기소침해진다는 작전에 말려들어 속으로 쾌재를 불렀다. 다시 온 제비도 직접 행동으로 보이면서 내 편이 되고 있었다.

위채에는 거들떠보지도 않고 아래채에 보금자리를 살핀다.

'리모델링으로 단장된 큰 채에는 받아주지 않을 것이다.'라는 안주인의 뜻을 정확하게 읽은 모양이다. 지난해, 제비 식구가 늘어나 큰집을 새롭게 지으려 하였을 때 아내는 짓는 족족 밀어버렸다. 현실감각이 뛰어난 그들, 삼박하게 뜻을 접고 살던 집을 넓히는 영리함에 탄복하지 않았던가. 새집만을 고집하던 아내의 마음까지도 돌리게 한 일등공신이었다. 이 같은 영물을 한낱 미물로만 대접할 수가 있을까.

그들이 돌아옴에 생기가 돋아난 내 앞에서 아내는 보란 듯이 후여후여 팔을 휘젓는다. 시늉은 하지만, 힘을 뺀 형식적인 몸짓이다. 나에게 눈치를 보내면서 무언가를 주문하고 있다. 짐짓 모르는 채 딴전을 피웠더니, 바로 노골적으로 나온다. 동그라미를 그린 손가락을 연방 코앞에 밀었다 당겼다 하는가 하면, 샐쭉샐쭉 묘한 웃음을 흘린다.

'아이고 밉살스런 여우, 제비집 허가 조건으로 흥정을 걸어올 모양이구나. 작년에도 이 문제로 재미를 쏠쏠하게 보더니….'

'처음부터 밀리면 안 되는데.'

장사 30년에 산전수전 겪은 경험이면 그녀의 마음을 읽는 것쯤은 누워서 떡 먹기다. 제비집을 부수지 않을 것이라는 정도는 알지만, 좋은 것이 좋다는 식으로 수월하게 흥정에 응하고 말았다.

"앞으로 제비 똥은 내 눈앞에 안 보이도록 알아서 소제하소." 조건을 하나 더 붙인다. 영국신사처럼 매끈하고 그렇게도 영리한 놈이 하필 똥오줌은 가리지는 못하는지. 비록 타협은 끝났다시반, 그것을 꼬두리로 틈만 나면 지갑을 엿볼 것을 생각하니 얄밉기 그지없다. 뻔히 내다보면서도 헤프게 말을 뱉은 가벼움과 허술한 협상력에 씁쓰레한 웃음이 입술에 물린다.

우리 부부의 거래가 매듭진 것을 알아차렸는지, 제비 부부의 집짓기 공사는 속도가 붙었다. 페인트의 접착력을 높이기 위하여 먼저 촉진제를 바르듯 기초공사는 튼튼하였다. 묽게 반죽한 검불을 먼저 바르고, 충분히 말린 다음 본 공사에 들어가는 것을 볼 때 부실공사를 밥 먹듯 하는 인간에게 경종을 울린다. 두 부부가 쉴 새 없이 자재를 날라 며칠 만에 마무리하는 솜씨에 목수인 사촌 동생도 한 수 배웠단다.

지금 제비는 알을 품고 있다. 모두가 탈 없이 껍질을 깨고 고고지성呱呱之聲 터뜨리기를 바라는 마음 절실하리라. 약 보름 동안 침입자를 경계하며 산고를 치르는 모성애는 높고도 넓다. 며칠 뒤면 노란 입을 짝짝 벌리는 새 생명을 볼 수 있음에 가슴이 설렌다. 장난기 섞인 아내가 빗자루로 휘저어도 둥지에서 옴짝달싹하지 않는다. 안주인의 이런저런 속마음을 벌써 눈치를 챘던 양, 쪽 째진 눈 속에 깨알 같은 눈동자가 마냥 평화롭다.

세상을 살면서 경제원칙만 내세우다 보면 삶 자체가 너무 메마르지 않을까. 가끔은 어수룩한 흥정도 괜찮을 성싶다.

사냥꾼

"당신은 요즘도 사냥하고 싶은교. 옛날 솜씨 한번 내보시지, 메달감일 낀데."라는 말이 출근길 나의 뒤통수에 거머리처럼 달라붙는다.

아닌 밤중에 홍두깨처럼 뜬금없는 말이지만, 왠지 마음 한구석에 진동으로 다가온다. 메달감이라는 말 중에는 비아냥이 물씬 배 있다. 선천적으로 날렵하지는 못하지만, 운동은 대체로 즐기는 편이다. 사냥을 잘한다는 이야기는 생뚱맞다.

왜 갑자기 그런 말을 뱉어냈을까. 근원을 더듬어 나갔다. 사냥

경험은 어릴 적 추수한 벼를 멍석에 말릴 때 '후여후여!'가 전부였다. 나이가 듦에 따라 벼락 맞은 대추나무나 탱자나무로 만든 Y자형 새총으로 발전했다. 참새보다는 여학생의 뒷꼭지를 겨냥할 때가 잦았다. 청소년기에는 종달새를 산 채로 잡는 일이다. 보리밭 이랑에 둥지를 튼 노고지리를 손아귀에 넣는 것은 누워서 떡 먹기였다. 청년 시절에는 독극물인 사이나를 콩 속에 집어넣어 꿩 잡기에 나섰고, 올가미를 이용한 토끼나 고라니 사냥은 조수만 하였을 뿐, 포수 노릇은 하지 못했다.

50사단 훈련병 시절, 피가 나고 알이 배고 아프다는 사격 시험에 빈번한 낙방으로 코피가 나도록 기압을 받았다. 이러한 사람을 두고 메달감 운운하니 될 성싶은 이야긴가. 아내의 말 속에 담긴 참뜻은 무엇인지 뼈가 있는 말임은 틀림없다. 최근 들어 기업 사냥꾼이 어지럽게 춤추고 있다지만, 내가 자랑 칠만한 사냥은 종달새였고 다음으로는 낚시다. 미끼에 걸려드는 고기는 웬만해선 놓치지 않았으니까.

"사냥 좋지. 옛날 솜씨 한번 부려볼까. 머리도 식힐 겸 낚시사냥이 제격이겠구먼." 딴전을 피웠더니

"자다가 봉창 두드리는 소리는 와 하능교. 나 잡아먹었던 사냥 솜씨, 그 버릇 개 몬 주지요." 본색을 드러내며 샐쭉한 시선

을 깔아버린다.

“무슨 개떡 같은 소리하노. 현대는 여성이 남성을 요리한다는 자느모로의 말도 모르나.” 한마디로 짓뭉개 버렸지만, 마음 한편에는 깨알 같은 소름이 오소소 돋아난다.

“무슨 놈의 메시진지 뭔지, 전화통은 시도 때도 없이 울어샀능교.” 부드러움을 포장한 말 속에는 날 선 서릿발이 감춰져 있다.

‘아, 이것이 단서였구나.’

“뒤비 뵈라.” 큰소리치며 휴대 전화기를 턱밑에 냅다 디밀었다. 지난날 삐삐를 뒤적인 일로 통신의 비밀 운운하며 대판 다툰 일이 있었다. 그 후론 통신 문제로 서로가 신경을 끈 상태가 아니었던가. 거래처에 수금 및 각종 공과금, 입·출금 관리를 위하여 SMS 서비스 기능으로 무시로 딩동 거렸으니. 꿍쳐놓은 누군가와 밀어를 속삭이지나 않은지 의혹을 품을 만도 하다.

아내는 아직도 사냥을 당했다고 우긴다. 어쩌다 어설픈 사람에게 먹혔는지 후회막급이란다. 지금도 수가 틀리면 사냥꾼으로 몰아세운다.

“능력이 되면 하라지.” 풀어주는 척하면서도 새롭게 사냥에 발을 담그지 않을까 제동을 거는 모양이다. 투수가 누상에 나간 주자를 향해 공을 툭툭 던지듯, 견제 솜씨가 일류선수 뺨친다.

귀밑머리 허연 이 나이에 사냥질한다는 소리를 들어야 하겠는가. 텅 빈 그릇에 고상한 양식을 시나브로 채우다 보면 쓸만한 표적도 될 수 있으리라. 사냥을 당했다던 아내에게 멋진 먹잇감으로 남고 싶다.

삼강오륜

솟는 땀으로 온몸은 눅진하지만, 마음만은 보송보송하다. 초등학교 1학년과 유치원생인 손녀의 숙제 지도로 함께 뒹굴 수 있으니까.

반세기 전, 초등학교를 나와도 한글을 읽지 못하는 애들이 많았다. 요즘 아이들의 영악함과는 견줄 바가 못 된다. 숙제 지도가 만만찮아 골치 아픈 과목은 수박 겉핥기식으로 얼버무려 버렸다. 삼강은 어려울 것 같고 오륜을 들고 나왔다. 쓰는 것은 물론, 달달 외우게 할 참이다. 호랑이 담배 피우던 이야기 같지만, 평가는 애들이 자란 뒤 나중에 받기로 했다.

부자유친 父子有親

군신유의 君臣有義

부부유별 夫婦有別

장유유서 長幼有序

붕우유신 朋友有信을 매일 반복적으로 가르쳤다.

자매가 정답게 놀다가도 무엇이든 먼저 차지하려는 욕심으로 티격태격한다. 특히 먹을 것이 생기면 제비 새끼처럼 고개를 쳐들면서

"할배, 할배." 숨넘어갈 듯 부르며 연방 입을 쫑긋쫑긋 내민다.

"너는 장유유서도 모르나?" 언니의 서릿발 같은 일갈一喝이다.

'기똥차게 써먹는구나!'

뜨악해하며 나의 도움을 요청하는 동생의 구겨진 모습이 안쓰럽다. 눈물방울이 복숭아 속살 같은 뺨에 매어 달린다. 할아버지의 오류 교육이 무척 얄미웠을 게다.

"할배, 부자유친이 무엇이냐?" 묻는다면, 쥐구멍을 파야 하지 않을까. 객지생활을 핑계 삼아 부모님을 모시고 친할 겨를도 없었으니.

개구리의 지혜

개구리는 상시롭고 지혜로운 동물이다. 그 중에도 암컷은 한 수 위다. 땅거미가 밀려오면 못자리나 무논에서 개구리가 울어댄다. 그 소리는 마법에 걸린 왕자들이 서로의 아픔을 뿜어내는 소리다. 자신을 구해 줄 아리따운 공주를 찾는 울부짖음이다. 짝짓기를 바라며 수컷을 유혹하는 울음이기도 하다.

개구리 암컷은 경제적이며 현실적인 동물이다. 배란기가 되어 짝짓기 할 때는 뭇 수컷을 세워놓고 사열하듯 선을 본다. 덩치가 크면 당연히 탈락한다. 아담해야만 1순위이다. 수컷을 등에 업고 엄청난 수압을 견디면서 교접한다. 오랜 시간을 버텨내야

하기에 터득한 지혜일 듯싶다.

작은 고추가 맵다는 것을 개구리가 보여준다. 벼가 누렇게 익어갈 즈음이면 메뚜기도 그러하다. 도시락 반찬을 만들고자 온 들판을 누비면, 누런 빛깔의 메뚜기가 꼬마 메뚜기를 등에 업고 폴폴 날면서 사랑을 한다. 여러 동물도 체구가 작아야 인기가 있다는 것을 확인할 수 있다.

나는 선천적으로 작은 인자를 받고 태어났다. 사춘기에는 심한 수치심에 빠졌다. 이웃동네 처녀들과 모여 놀 때 덩치가 작다는 이유로 따돌림을 여러 번 당하였다. 어린애 취급을 받았으니 자존심도 많이 상했다. 그러한 열등감을 개구리가 해결해 주었다. 나에게 용기를 준 셈이다.

친구들에게 넌지시 자랑한다.

"덩치 큰 너희는 면접 후보군에조차 들어가지 못할 것이다."

라고.

"여보, 당신도 개구리 지혜를 닮아 아담 사이즈인 나를 골랐던 모양이제?"

"귀신 씨나락 까먹는 소리 집어치우소 마~."라고 아내는 말하지만, 입술에 미소를 문다. 나의 궤변에 긍정인지 부정인지 헷갈

리게 하는 미소를.

개구리는 큰 응원군이었지만, 그들을 배신했다. 보슬보슬한 강아지풀 대가리에 침을 뱉어 그놈을 유인하면 영락없이 걸려든다. 뜀뛰기 선수인 개구리가 정확히 먹이를 삼킬 때, 팔은 반사적으로 원을 그리며 팽개친다. 두 다리를 쭉 뻗어 하늘나라 가는 놈도 있고, 스멀스멀 풀 속으로 숨어들기도 한다. 보리와 밀 대롱을 항문에 박아 넣고 배가 앞산만큼 불러 오를 때까지 마구 불었다. 철없을 적 일이지만, 원망을 많이 했을 게다. 철 들기 시작한 청·장년 시절에는 정력에 좋다 하여 비단개구리마저 잡으려고 계곡을 헤맸다.

장년에 접어들어 와공蛙公들에게 씻을 수 없는 죄를 하나 더 얹었다. 낚시 재미에 빠졌을 때다. 땅거미가 내릴 즈음 달성군 어느 저수지에서 귀갓길이었다. 아스팔트 위로 수많은 개구리 떼가 까맣게 올라와 길을 막고 있었다. 급하게 차의 제동을 걸었다. 갓길도 없다. 뒤차가 빵빵거린다.

"하나님, 용서하여 주옵소서."

'두두둑 툭툭' 바퀴 아래서 개구리 배 터지는 소리다. 따발총 소리가 이보다 더 요란할까. 동행한 아내가 눈을 질끈 감아버린다. 귀를 틀어 막아버린다.

이 사건 후로는 개구리에게 예의를 갖춘다. 대만을 관광할 때였다. 식탁에 개구리 요리가 올라왔다. 지난날의 고소한 맛이 아슴푸레 살아나 군침이 돌았지만, 젓가락을 대지 않았다. 낚시터에서 소주 안주로 나오는 황소개구리 튀김도 과감히 뿌리친다.

상현의 달빛을 받으며 농로에 접어든다. 초여름 모내기를 위해 잡아놓은 무논에서 개구리 떼가 무섭게 짖어 댄다. 자기 조상의 목숨을 앗아간 범인을 성토하는 울음이다. 서로의 울음에 도취하여 꽹과리 리듬처럼 그들의 연주는 더욱 빨라지고 있다.

낚시

밤낚시를 즐긴다. 노을 지는 저녁 무렵이면 적황색 빛 덩이는 저수지의 물비늘을 반짝반짝 수놓는다. 어둠이 내려앉고 산새마저 잠들어 명상에 잠길 수 있어 좋다.

낚시 이력은 초등학교 시절로 거슬러 올라간다. 주인 몰래 베어낸 대나무를 낚싯대 삼고, 철사를 숫돌에 갈아 바늘을 만들었다. 수탉의 꽁지를 갈대나 옥수수 대롱에 꽂아 찌로 사용하는 것이 고작이었다. 세월을 낚는다느니, 손맛이니 그런 고상한 말은 아예 몰랐다. 다만, 찌가 움직임에 따라 기뻐하며 호들갑을 떨었던 시절이었다.

낚시의 매력은 시각과 미각, 촉각이다. 먹물을 뿌린 듯 어둠 속, 찌에 매달린 파란 형광체는 샛별처럼 영롱하다. 어종에 따라 움직임이 달라 고기의 정체를 확인할 수 있다. 현란하게 찌를 움직이는 피라미가 있는가 하면 점잖게 툭툭 건드리는 붕어가 있다. 바늘을 목구멍까지 삼키는 메기와 가물치는 찌마저 물밑으로 삼켜버린다. 찌가 수면 위에서 파문을 일으키면 긴장감이 온몸을 싸고돈다.

미각 또한 무시할 수 없다. 뽀얀 빛깔의 통실한 붕어회 맛은 일품이다. 광어, 돔, 바다의 어떠한 고기도 붕어 맛을 따라잡지 못한다. 씹을수록 구수하며 영양가가 높아 강정제로 제격이다. 오줌도 맑아진다. 붕어회 명소라면 어디든 찾아다녔다. 창녕에 우포늪, 달성에 달창지 주변과 영천에 사일지, 영천댐 아래위로 붕어 요릿집 등, 발길 닿지 않은 곳이 없었다. 특히 낚시터 현장에서 펄쩍펄쩍 뛰는 싱싱한 회 맛은 먹어본 사람만 안다. 간디스토마 감염이 의심스러워 임상병리과를 찾았다.

"걱정할 것 없다." 의사의 처방이다.

손맛은 단연 매력의 일 순위다. 찌가 요란하게 춤추는 피라미가 설치는 날은 조황을 망친다. 잉어는 먹이를 후루룩 빨아 마시고, 메기와 가물치, 준치, 영국신사 등은 바늘을 통째로 삼키면서 낚싯대를 좌우로 흔들어 재낀다. 손맛의 진수는 당연히 붕어다. 붕어는 고기 중에 신사다. 얇고 약한 입술로 미끼를 점잖게 건드린다. 찌의 흔들림도 요란하지 않다. 꼬리를 탈탈 털면서 버둥거리는 그놈과 줄다리기 시작한다. 활처럼 휘어지는 낚싯대 끝 부분이 파르르 떨고 팽팽한 낚싯줄은 기타 일선의 소리다. 짜릿한 전율은 심장까지 전이된다.

저수지는 정적인 분위기라 명상에 잠길 수 있어 좋다. 바다낚시는 호쾌하여 가슴을 시원하게 하지만, 비용과 시간이 많이 축난다. 나는 강 낚시를 좋아한다. 우선 입질이 시원시원하다. 고기가 낚싯대를 채어갈 때는 과녁을 향하여 날아가는 화살 같고, 닐 대는 머리를 수면에 닿을 만큼 처박으니 호쾌하여 좋다.

낚시로 세월을 낚는다고 한다. 직접 실천한 인물이 강태공이다. 나라를 경영할 큰 꿈을 가지고 바늘도 없는 낚싯대를 드리웠다고 한다.

'소인은 눈앞의 이익을 기뻐하지만, 군자는 원대한 이상을 실현하는 것을 기뻐한다.' 라고 하였다. 낚시의 비법으로 용병술을 익히고 세월을 미끼로 천하를 낚았다고 하지 않았는가. 꾸준히 기다리며 내일을 도모하였다고 하였으니 새겨 둘 말이다.

살아오면서 낚싯대를 아무 곳에나 많이 드리웠다. 달콤한 미끼를 꿰어놓고 상대가 물기를 기다리지 않았던가. 대가를 바라는 미끼 성 낚시질은 거둠이 옳을 듯하다. 믿음의 먹이를 던지고 싶다. 낚이지 않으면 어떠리. 기다림의 아름다움을 배워야겠다.

반딧불

팔공산 갓바위에서 북동쪽으로 능선을 타고 미끄러져 내리면 은해사가 나온다. 돌부리를 울리며 흐르는 개울물 소리가 정겹다. 시원한 솔바람이 목에 파고드니 폐부까지 쇄락하다.

오랜만에 은해사를 찾았다. 입구에 쭉쭉 뻗은 소나무는 장병이 열병의식을 치르는 것 같고, 산새들이 그 사이로 짓까불며 활개 친다. 은해사에서 좌측으로 오르면 백흥암을 거쳐 묘봉암에 다다르고, 오른편으론 구름 위에 떠 있다는 운부암이 나온다. 계곡의 청정한 물을 담은 저수지는 주위의 산세와 어우러져 한 폭에 그림이다. 어릴 적에는 낚시를 드리운 장소였지만, 지금은 불도들이 물고기를 방생하는 장소로 변하였다.

초승달마저 산 능선에 숨어들고 산 그림자가 수면 아래 가라앉았다. 호수의 물은 뜨뜻하다. 삼라만상을 달구어 놓은 일광 탓일까, 아니면 스님의 설법과 중생의 간절한 기도가 이곳에까지 미쳤는가 보다. 산새도 더위에 지쳐 침실에 들었는지 사위는 조용하다. 팔짝팔짝 뛰어오르는 피라미가 고요를 깨뜨린다. 짙은 어둠이 수면으로 내려앉아 물빛은 진초록이다.

문득 풀잎 사이로 반딧불이 춤을 춘다. 오랜만에 만나는 반가운 반딧불이다. 그 옛날 황록색 빛을 꼬리에 달고 어둠을 밝혔던 개똥벌레다. 모깃불을 피우는 밤, 메케한 연기 사이로 불나방과 함께 춤을 추며 여름밤을 수놓았다. 은하는 남에서 북으로 찬연히 흐르고, 별똥별은 길게 포물선을 그리며 떨어진다. 이에 맞장구나 치듯 반딧불의 유희는 여름밤을 낭만으로 몰고 간다. 부채로 모기를 쫓아가며 자장가를 불러주던 어머니의 무릎을 베개 삼아 별 하나, 나 하나를 헤아리며 꿈나라로 빠져들지 않았던가.

풀숲에 숨어든 개똥벌레를 용하게 생포했다. 고물거리는 그놈을 손바닥에 올려놓으니 '형설의 공'이 떠오른다. 중학교에 진학하지 못하고 강의록과 씨름했던 그때가 생각난다. 다녔던 고등학교에도 주·야간부가 있었다. 밤에 공부하는 친구가 더 열심이었다. 낮에는 직장에서 일하고 밀려오는 잠을 몰아내면서 공부한 그 친구들이 모든 분야에서 두각을 나타내고 있다. 역경을 이겨낸 열매이리라.

반딧불은 마을 뒤로 흐르는 개울과 고샅 어느 곳에서나 흔하게 볼 수 있었다. 그들의 먹이인 다슬기는 강 가운데 질펀하였으니까. 그만큼 팔공산에서 흐르는 물은 수정 같았다. 지금은 어떠한가. 잘 보존 되어야 할 지역에 축사들이 물밀 듯 밀려온다. 건축허가에 관련한 법령이 아침저녁으로 바뀌어 견제할 수단이 없어졌다. 저수지를 품고 있는 골짜기에는 축사가 들어서고 녹색 나무들은 제대로 숨을 쉬지 못한다. 맑아야 할 물은 오염되고 역한 냄새가 진동한다. 과다한 농약을 뿌려 생태계를 파괴하니 반딧불인들 서식할 수 있겠는가?

소나기가 후두두 슬레이트 지붕을 때리는 소리에 선잠을 깬다. 유리컵에 가두어 둔 개똥벌레의 빛은 점점 사위어 간다. 복숭아털처럼 보송보송한 그놈을 손바닥에 올려놓고 후~욱 불었다. 자정을 훨씬 넘은 시간, 영롱한 불빛을 꼬리에 매단 반딧불은 소나기를 헤치며 유유히 사라진다.

향수

'향수' 이 말만 읊조려도 가슴 설렌다. 고향을 멀리 둔 사람들은 아련한 추억이 아지랑이처럼 모락모락 피어오르지 않겠는가. 어감 자체만으로도 메마른 정서를 적시기에 충분하다. 갖가지 사정으로 고향을 떠나거나 등진 사람이 많다. 아예 이 나라를 떠나는 사람도 있다. 고향이 그리워 삼십 년 객지 생활을 청산하고 칠 대조가 살았던 옛 품에 돌아왔다. 고향이 있어 행복하다.

진정한 향수의 의미를 캐내고자 정지용 문학관을 찾았다. 아담하게 엎드린 초가, 노랫말처럼 소박하다. 옛이야기 지절대는 실개천은 세월의 때가 배어났다. 해쑥과 냉이가 돋았을 방죽은 시멘트로 생명줄을 끊었고, 논밭을 적셨던 젖줄 같은 시냇물은 빛깔마저 변하였다. 맑디맑은 임의 노랫말이 무색하다. 임은 일제 강점기와 6·25의 암울했던 시절, 이념의 대립으로 사상에 연루되어 논죄가 되었다니 수수로움을 감출 수가 없다.

문학관 내부, 선생의 발자취가 생생하게 담겨 있다. 아담한 실내는 가곡 『향수』의 감미로운 선율이 흐른다. 앉은 모습이 조형물에 지나지 않지만 날카로운 눈매, 여윈 손등에 두드러진 정맥은 마치 살아 있는 모습이다. 조물주가 생명의 입김을 불어넣기만 하면 금방이라도 일어나 따뜻한 눈길을 보낼 것만 같다.

넓디넓은 대청호가 눈앞에 나타난다. 임의 생가 앞을 흐르는 지절대는 실개천과 임의 혼도 담았으리라. 출렁이는 호수는 월악의 산줄기를 품고 있다. 도연명의 '춘수만사택春水滿四澤' 이란 구절이 떠오른다. 파란 물이 가득한 호수를 바라보며 풍년을 내다본다. 진한 에메랄드 물빛, 번득이는 물비늘, 늘어뜨린 연두빛 산수유와 한데 어우러져 온통 녹색의 바다다. 잘 다듬어진 시비들이 얼룩배기 황소 앞에 엎드려 절한다.

『향수』 이 노래를 감칠맛 나게 부르는 친구가 몇 해 전, 경기도 서해안 쪽으로 이사를 가버렸다. 초로初老의 객지생활은 새삼 고향의 소중함을 깨치게 한단다. 고향을 찾을 때면 정해진 코스가 목로주점을 거쳐 노래방이다. 마지막 노래는 언제나 정지용의 향수다. 노랫말을 곱씹으며 부르는 노래에 취하다 보면 마음은 어느새 고향으로 달려간다. 한 곡을 작곡함에 이십 분도 안 걸리는 작품도 있지만, 이 노래는 일 년이나 걸렸다고 작곡가 김희갑은 술회한다. 워낙 격조 높은 노랫말이기에 아무렇게 곡을 부치지 못했을 성싶다.

돌아오는 버스 안에서 문우들의 노래 향연이 벌어졌다.

'향수를 한번 불러봐야지.' 마음은 먹었지만, 차마 그 노래를 부르지 못하였다. 임의 주옥같은 시어를 온전히 전달할 자신이 없었기에.

"이 노래를 부를 때면 자신도 모르게 경건해진다."라는 친구의 얼굴이 다가온다. 남녘 하늘을 바라보며 고향을 그리워할 그 동무가 생각난다.

하늘이 운다

하늘이 그게 성이 났던 모양이다. 무슨 노여움이 그렇게 큰지 하늘 우는 소리는 천지를 진동한다. 구멍이 뚫렸는지 독으로 들어붓듯 소나기마저 쏟아진다. 죄 많은 인간을 응징하려 함인가.

한밤중을 조금 넘은 시간에 오뚝이처럼 잠에서 깨어나고 말았다. 하늘은 밤중부터 새벽까지 운다. 천지가 개벽하는 굉음으로 포효한다. 하늘이 흔들리고 땅이 흔들린다. 덩달아 줄기차게 내리는 소나기가 슬레이트 지붕을 때린다. 차광막 위로 난타하는 소리는 하늘 우는 소리에 파묻혔다. 빗물은 희뿌연 거품을 물고 하수구로 곤두박질친다. 희번덕이는 번갯불이 칠흑 같은 어둠을 밀어낸다.

몇 해 전 벼락이 떨어져 멀쩡한 가전제품이 못쓰게 되었다. 전자제품의 전원을 모두 뽑았다. 벽면을 멀리하고 본능적으로 방 가운데로 피한 것을 발견하고 쓴웃음을 짓는다. 송곳 같은 섬광에 이것저것 지은 죄상이 낱낱이 들킨 양, 두려워하는 꼴이 애처롭다. 처마에 제비도 웅크린 채 숨을 죽이고, 아내도 겁을 먹었는지 바짓가랑이를 거머쥔 손에 힘이 잔뜩 들어 있다.

벼락에 얽힌 좋지 않은 이야기가 더러 있다. 남을 용서치 못할 상황이면

"벼락 맞을, 벼락이나 맞아라."라고 저주한다. 벼락 맞을 확률은 거의 드물다. 그런 일은 일어나지 않을 것이라는 가정 하에 아무렇게 말하지만, 함부로 말할 일은 아니다. 너무나 살벌하고 가혹하지 않은가. 하늘에 응징받을만한 죄는 짓지 말라는 훈계성 말이었으면 좋겠다.

모내기가 한창일 때 어머니 친구가 벼락에 돌아가셨다. 점심을 먹던 놋그릇에 떨어진 벼락에 감전되어 숨을 거두었다. 그분은 품성이 바른 효부였으며 우애가 돈독하기로 소문난 사람이었다. 그런 분이 낙뢰로 피해를 보았으니 함부로 벼락 운운하는

것은 조심해야 할 것이다. 벼락과 천형天刑, 이제 잘못된 인식은 고쳐야 한다. 저주하는 말 대신에 벼락부자, 돈벼락, 벼락출세 등 듣기 좋은 말이 얼마든지 있지 않은가.

캄캄한 밤하늘에는 여전히 번갯불이 연방 터진다.

"엉큼한 놈, 탐욕이 끊임없이 꿈틀거리는구나!" 준열한 꾸짖음이다. 번쩍이는 섬광은 내면을 정확하게 해부한다. 경고하는 소리가 잦아들고, 줄기차게 내리던 소나기도 시나브로 가랑비로 바뀌었나. 겁에 질려 웅크렸던 제비의 지지배배 울음소리와 함께 새벽이 엷게 열린다.

'귀엣말도 하늘은 우레 같이 듣고, 마음을 속이는 것은 번개같이 본다.' 라고 했다. 하늘이 노하여 무서운 벼락을 치더라도 의연해야 할 터인데…. 무섭고 지루한 밤이었다.

비자금

아내가 갑자기 나를 범인 다루듯 추궁했다. 비자금 통장을 보게 된 것이다.

"주머닛돈이 쌈짓돈 아인교. 당신과 몸을 섞고 살아온 지 수십 년이 흘렀는데 마누라 못 미더워 딴 주머니 찰라 켓능교. 어디 한 사람 숨겨 놨는 모양이지요?" 말 속에 서릿발이 숨어 있다. 배신감이 많이 들었던 모양이다.

학창시절을 제외하고는 용돈 문제로 부모님에게 손을 벌려 본 적은 거의 없었다. 어려운 농촌사정으로 용돈의 개념조차도 없었을 때니까. 공직 생활에 들어서서는 이권부서라 할 수 있는 분야를 맡다 보니 업무와 관련한 뇌물성 봉투를 더러는 받았다. 바람직한 행태가 아닌 것을 뻔히 알면서도 과감히 떨쳐내지 못한 처사는 부끄러운 일이었다. 그 후 개인 사업을 하고부터는 경리업무까지 직접 다루었기에 돈주머니도 찼다. 모임 장소나 필요한 자리에 적당한 지출은 아내의 눈치 볼 일은 없었다.

올망졸망한 손자들에게 나의 인기는 상한가를 친다. 자질구레한 옷가지며 장난감 등은 모두 내 주머니에서 나오니까. 매장에 들어서면 재롱을 떨면서 바짓가랑이를 당긴다. 초롱초롱한 눈망울이 마음에 드는 상품에 꽂히면 선뜻 응한다. 해맑은 입술로 뽀뽀 세례를 퍼붓는다. 왕 거미줄이 얼기설기 쳐진 얼굴이지만, 싫지 않은 모양이다. 비자금의 매력이 이럴진대 별도로 호주머니를 차는 재미를 누가 마다하겠는가.

돈줄이 끊어질 때가 문제다. 나이가 들수록 입은 굳게 닫고 지갑은 먼저 열어야 대접을 받는 세상이다. 상식이 통하는 사용처에는 아내도 공감하겠지만, 때로는 추억의 옛 여인일 수도 있고, 젊은 후배들과 어울릴 수도 있지 않은가. 청년의 신선한 정기를 받을 수 있는 계기도 마련해야 할 테니까. 용돈을 타내려고 이 핑계 저 핑계 끌어대며 고개를 꺾는다면, 소름이 돋아날 일이다.

돈을 벌 때는 집에서 큰소리도 칠 수 있다. 술을 마시고 밤늦게 들어와도 웬만해서 잔소리하지 않는다. 나이 듦에 따라 체력과 돈의 끄나풀이 떨어지면 민감하게 반응하는 것이 사람의 마음이다. 아내라고 예외일 수 없을 것이고, 자식들에게도 찬밥신세 면하기 어려울 것이다. 다정했던 친구들은 신분의 차이로 떨어져 나감은 자연스러운 현상이다. 가뜩이나 구세대로 구분되어 젊은이들에 밀려, 설 자리가 없어진다. 그런 마당에 쇠붙이가 버팀목 역할을 할 터이다. 위기 상황을 극복할 수 있는 것이 비자금의 위력이 아니겠는가.

시골 생활이지만, 아내의 씀씀이도 자주 눈에 띈다. 건네주는 생활비가 변변찮다. 아마 별도의 주머니를 차고 있음은 분명한 듯하다.

"당신도 딴 주머니 차고 있는 모양이제?" 은근슬쩍 짚으면

"임자도 나 몰래 꽁치는 마당에 당연하지 않으냐." 상대성이론을 들먹이는 반격에는 할 말이 없어진다.

구순의 친척이 노인병원에 장기 입원하였다. 보호자 아닌 보호자가 되었다. 청상과부靑孀寡婦로 양자를 들였지만, 재산을 탕진하고는 발걸음을 뚝 끊어 버렸다. 할머니도 비자금만 넉넉했다면, 병원 문지방은 반질반질하지 않았을까. 항간의 이야기 중,

수중에 돈은 없더라도 가진 척하라는 말이 있다. 그 방법이 부모를 외면하는 자식을 옭아매는 신통한 처방이라 하니 기가 막힐 노릇이다.

건전한 비자금은 때로는 좋은 약이다. 우리의 삶을 여유롭고 유연하게 한다. 적절하게 운용한다면 활력을 불어넣을 수 있다. 그렇지 못하므로 사회문제로 불거지지 않는가. 자그마한 사업체의 영업 전략에도 가끔 비자금을 동원한다. 얄팍한 미끼로 반대급부를 바라는 영세 업종도 그럴진대 큰 기업체는 오죽하랴.

비자금, 여러 가지 문제점을 안고 있지만 나의 비자금 마련을 위한 행보는 계속 이어질 것이다.

짝지

흰 머리를 덮어쓴 나이에 글쓰기 공부를 시작하였다. 처음에는 말을 붙이기가 수월치 않았다. 시간이 지나갈수록 서로의 간격이 좁혀졌다. 살아가는 이야기, 사업 이야기를 자연스레 나누면서 짝지의 옹골참을 발견하였다. 목표가 뚜렷한 야심가임도 짐작할 수 있었다.

불편한 몸을 목발에 의지하고 남자들도 감당하기 어려운 장사를 10년 가까이 꾸려왔다 하지 않는가. 신념으로 뭉쳐진 그녀의 자세는 매사에 느슨해져 가는 나에게 신선한 충격으로 다가왔다. 나 또한 장사꾼이다. 이 공장 저 공장 전전하며 물건을 파는 것이 얼마나 힘들었는가. 공무원 시절에는 청탁을 받았지만, 막상 물건을 사달라고 부탁하는 처지가 되니 적응하기 어려웠다. 거래처의 부도로 하는 일을 때려치우고 싶은 충동이 어디 한두 번이었는가. 짝지도 그런 어려움을 거쳤을 테니까.

자신을 이겨야 무한경쟁에서 살아남는 사회다. 가녀린 몸을 이끌며 납품부터 수금, 거래처 관리, 새로운 업체를 개척하면서 착실하게 기반을 다져 나가니 장한 일이다. 재무구조에 알맞게 사업을 확상해 가며 수분시족守分知足을 몸소 실천함을 본다. 건전한 경영인을 누가 연약한 여자라 할 수 있을까. 나이 먹었음을 무슨 훈장이나 탄 듯 거들먹거리며 세상 탓만 늘어놓은 것이 얼마나 부끄러운지, 아마 나이를 헛먹은 모양이다.

짝지는 글쓰기에 두각을 나타낸다.

『괴물 정복기』를 통해 자기의 인생관을 분명히 밝히면서 삶에 대한 강력한 메시지를 던지고 있다.

> "이번만은 괴물(에스컬레이터)을 정복하리라. 침착하게 시차를 노렸다. 오른발을 먼저 올리고 놈의 움직임보다 빠르게 목발을 올리는 순간 나의 몸은 아름다운 2층을 향해 오르고 있었다. 드디어 괴물을 밟고 있는 것이다."
>
> <서혜정의 『괴물 정복기』 본문 中에서>

그 순간 희열의 덩어리가 그녀의 가슴을 채웠으리라.

철없던 어린 시절에 다리 한쪽을 잃었을 때는 육체가 아팠겠지만, 사춘기로 접어들면서 아파져 오는 마음은 오죽하였을까. 짝지는 놀라운 의지로 극복하였다. 힘에 부대끼는 일도 하나씩 정복해가고 있다. 불편한 몸을 목발에 의지한 채 목표를 향하여 이루고자 하는 야멸찬 의지를 본다.

웬만한 산의 등정에 자주 도전한단다. 때론 돌부리에 걸려 넘어져 엉덩방아를 찧었을 것이고, 숨이 턱까지 차올라도 그녀에게는 포기란 있을 수 없었던 모양이다. 오르고 내리는 가파른 산행에서 여차하면 큰 낭패도 볼 수 있지 않았겠나. 정상에는 백마 타고 기다리는 총각도 없었을 터인데…. 목표를 향한 강한 의지는 치열한 자기와의 싸움임을 아는 까닭이리라. 그 힘이 글쓰기에 접목됐는지 권위 있는 백일장에서 수상자로 자주 이름을 올린다. 극기의 산물이리라.

얼기설기 엮어 흠집투성이인 나의 글을 꼼꼼히 살펴준다. 촌철살인寸鐵殺人, 정곡을 찌름은 독수리의 부리요, 고양이의 발톱이다. 그런 와중에도 사기를 떨어뜨리지 않으려고 은근슬쩍 칭찬도 곁들이니 어찌 살갑지 않으랴.

"짝지! 나이는 숫자에 불과해요. 주눅 들지 말고 어깨를 펴세요. 서로 가능성을 열어놓고 희망의 나래를 활짝 펼치자구요." 상냥한 속삭임에 새로운 힘이 불끈 솟아난다. 글 솜씨는 대적할 수 없겠지만, 거북이가 뚜벅뚜벅 토끼를 따라잡듯 땀방울을 아끼지 않을 때 간격은 좁혀지리라.

한번 짝지는 영원한 짝지다. 앞서거니 뒤서거니 그림자처럼 따르고 따라간다. 훌륭한 신랑감을 만나 시집가는 날 눈물 한 바가지 쏟아낼 것 같다. 꿈 너머 꿈을 꾸게 하는 짝꿍의 채찍에 감사한다.

"짝지, 고마워!"

애마를 보내며

생자필멸生者必滅이요, 회자정리會者定離 하였듯이 너와 나 사이에 이별의 시간이 되었구나.

사랑했던 나의 애마 무쏘야! 네가 내 품에 안긴 지 살 같이 빠른 세월은 벌써 16개 성상을 채웠네. 그동안 사십만 킬로미터를 달렸으니 달까지 가고도 남는 거리를 나와 동행하였구나.

나이로 치면 열여섯, 꽃다운 나이가 아니더냐. 너를 혹사하지만 않았더라도 20년은 거뜬하게 채웠을 것인데. 너와의 생활은 아내 다음으로 길었으니 어찌 애환이 없을쏘냐. 비록 생명을 가지지는 않았다 하더라도 막상 너를 보내려니 주체할 수 없는 감회가 터지누나. 같이한 시간이 너무나 길었기에 얽혔던 이야기도 엄청 많을 성싶네. 보내는 아쉬움과 떠나는 서러움을 달래며 쌓였던 회한을 함께 곱씹어 보자꾸나.

16년 전, 너를 처음 만났을 때 마치 내가 장가들기 위하여 아가씨를 선보는 것처럼 마음이 설레었지. 너의 앞면은 육중하면서도 세련미를 갖추었고, 옆모양은 호랑이의 길쭉한 허리처럼 늘씬하였어. 뒤태는 영 아니었지만.

먼저 어깨에 힘주었던 이야기를 해 볼까나. 너는 국산 지프 차 중에서는 가장 기운이 좋았어. 친구들과 바다낚시로 모래밭에 빠졌을 때 다른 차들은 모래 속으로 파고들며 헤매고 있었지만, 사륜의 위력을 뽐내며 개구리가 뜀뛰듯 폴짝 뛰어올랐지. 부러운 시선이 너에게 쏠리며 열렬한 박수를 받았잖아. 그 순간 으쓱하며 회심의 미소를 지었다는 사실을 너는 알고 있었을 거야.

엄동설한에 진눈깨비가 도로에 얼어붙고, 눈 쌓인 고속도로에서 쾌재를 불렀지. 다른 차들은 갈지자걸음인데 너만 유아독존唯我獨尊, 휘파람을 홱홱 불면서 호기롭게 오르지 않았느냐. 낚시하다 강변의 진흙탕에 빠진 차들을 묵직한 힘으로 많이도 구해 주었어. 그때마다 수고는 네가 하고 칭찬은 내가 들었어. 너도 흐

못했을 거야.

'오른손의 한 일을 왼손이 모르게 하라.' 라는 말을 너는 몸소 실천하였어. 산을 좋아하는 주인을 만나 산행할 때마다 너를 동원하였고, 자갈길 비포장도로 막다른 길까지 불평 없이 잘 따랐어. 그럴 적마다 너의 힘은 모든 친구에게 부러움을 샀지. 아늑한 공간은 달콤한 데이트 장소로 더더욱 잊을 수 없고.

함께 하는 동안 즐거움만 있었던 것이 아니었어. 장모님 별세하여 빈소에 눕혀 놓고, 중환자인 어머니를 뒷좌석에 모시고 안절부절못하면서 사납게 운전한 주인을 얼마나 욕했을까. 정신없이 병원을 누비다가 하루에만 여섯 건의 범칙금 딱지를 받았으니. 둘째 누나가 죽었다는 연락을 받던 날 장대 같은 소나기가 퍼부었지. 목적지로 진입하는 내리막길, 차창에는 빗방울이 줄기차게 매달리고 얼굴에는 눈물로 시야가 흐릿했어. 차바퀴가 언덕 아래 도랑으로 빠질 뻔하였잖아. 사륜을 작동하여 너를 제자리에 올려놓고 작은 몸뚱이가 빗물로 흥건한 채 통곡하는 소리를 들었을 거야.

정원에 배가 넘는 숫자를 예사로 태우고 가파른 길 꾸역꾸역 달렸으니 너의 내장인들 어찌 온전했으리오. 장사하는 주인을 만나 무거운 짐을 꽉 채우고 전국을 누볐으니 속 골병이 들지 않았겠나. 갖은 충성을 다했지만, 고물이란 이유로 내쳤으니 얼마나 야속할꼬. 십 년 이상 노후차량 취·등록세 감면하는 자그마한 이익에 눈이 어두웠으니 계면쩍고 미안쿠나.

너는 토사구팽兎死狗烹 당했지만 절약된 연료비로 새 차를 선물하였구나. 자기 일을 다 하다가 푸줏간에 끌려가는 소처럼, 살신성인殺身成人 그 정신을 몸소 실천하였구나. 그러나 너무 서운해 말게. 젊은 시절에는 2년도 못 채워서 새 차로 바꿨지만, 16년 동안 사랑을 받았잖아. 칠이 벗겨지고 긁히고 망가져도 싫증내지 않았어. 일부 사람들은 거래처나 관공서를 드나들 때 근사한 고급 차로 으스대지. 네가 비록 덜덜거려 정숙하지 못하여도 늘 자랑으로 여겼어. 충직한 그 정 못 잊어 너의 후속 모델인 쌍용차를 골랐으니 서러움을 거두어라.

다만, 아쉽고 미안함은 내 손에서 천수를 누리게 해준다고 큰소리를 쳐댔는데 그 약속을 지키지 못해 유감이네. 너는 갔지마는 내 마음은 너를 보낼 수가 없구나. 누나가 죽었을 때 아래 시를 읊었지. 사랑하는 사람을 보내고도 이 노래를 읊조렸지. 또한, 정 들었던 너를 보내며 사무치는 이 노래를 부르지 않을 수 없구나.

비 갠 언덕 위에 풀빛 푸른데
남포에서 임 보내는 서러운 노래
대동강 물이야 언제 마르리
해마다 이별 눈물 보태는 것을

남근석

온 천지가 주, 황, 홍, 록으로 물든 단풍은 모악산을 불비다로 만들었다. 쥐어짜면 선홍빛 물이 주르륵 흘러내릴 듯하다. 계곡의 물도 붉게 물들었다. 마음 설레는 문학 기행이다. 문우를 태운 버스가 멎은 곳은 모악산 자락에 자리한 귀신사다. 가을 햇살은 나목裸木에 매달린 홍시를 간질인다.

대웅전 왼편에 남근석이 버티고 있다. 사찰이면 절제와 금욕이다. 경내는 수도와 불공으로 경건할 터인데 남자 상징물의 존재가 의아스럽다. 영험 있고 신령하다는 남근석을 여기에 세움은 자식을 두지 못한 여인네의 고통을 덜어주려는 부처님의 자비일까. 신라 문무왕 때 창건하였다. 문무文武를 겸비했던 대왕이라 영과 육의 세계를 아우른 모양이다.

귀신사의 남근석은 어떠한 모습일까 기대를 걸었다. 날이 갈수록 나약해져 가던 참에 호기심이 컸다.

'얼마나 우람할까.' 돌계단을 올라 대웅전 왼쪽, 사자 상 위에 조형물인 남근석이 눈에 들어온다. 순간 풍채가 왜소하여 실망스러웠다. 불기둥 같은 위용으로 하늘을 뚫을 줄 알았는데…. 저 형상도 풍상에 마모되고 세월 앞에 기력이 떨어진 모양이다. 자식 없는 아녀자가 한 맺힌 손으로 비벼 댄 탓이리라. 아낙들의 손갈질에 귀두가 마멸되었다니 치른 곤욕을 짐작할 수 있다.

사람을 처음 만났을 때 외모를 보고 평가한다. 그 형상물이 우람하고 기세가 하늘에 뻗쳤다면, 먼발치에서 부러운 눈으로 바라보며 얼굴을 붉혔을 것이다. 새색시처럼 수줍어 고개 돌리며 조신한 척도 할 터이다. 일행은 울타리를 마구 넘어 그놈을 만지작거린다. 볼품없는 남근석이 만만하게 보였는지 어린아이 고추 다루듯 살갑게 다독인다. 그 모습에서 남자의 자존심이 여지없이 구겨진다.

'남자의 자존을 지키려면 강정처럼 속은 비었어도 외양은 일단 좋고 봐야지.'

남근석을 에워싼 여인네의 모습에서 어머니가 겹쳐진다. 줄줄이 딸만 생산했던 어머니, 아들이 뭐기에 기울인 정성은 하늘에 미치었다. 매월 음력 보름이면 정갈하게 목욕하고 십여 리 떨어진 기도처에 올랐다. 동녘에 떠오르는 보름달을 보면서 손바닥을 비벼댔다. 지문이 닳아 없어져 주민등록 발급조차 어려울 정도였다. 남근석이 그곳에 터를 잡았다면 그 형체는 온전히 보전되었을까.

긴 세월, 숫은 비바람을 견뎌내며 한 많은 여인네의 소원을 들어주는 남근석이 의롭게 보인다. 영원히 불멸하는 그의 힘 앞에 스러지는 나를 발견한다. 달이 차면 기울고 꽃도 피면 지는 것이 자연의 이치인 것을. 출제한 『남 근 석』 삼행시에 아래 글귀가 입술에 물린다.

남자 구실 시원찮아 아내에게 찬밥신세
근심으로 얼룩져서 전전긍긍하던 차에
石으로 된 남근석에 기를 받아 자존심을

무지개

때 아닌 소나기성 봄비가 후딱 지나갔다. 태양은 뿌리고 남은 빗줄기를 자르며 송곳 같은 빛을 쏟아 내렸다. 어느새 소나무 가지 사이로 아름다운 무지개가 걸렸다. 흰 서리를 머리에 뒤집어쓴 채 무지갯빛 꿈을 피울 수 있는 행운을 잡았으니 가슴이 두근거리지 않았으랴.

정말 오랜만에 만나는 무지개다. 그 옛날, 앞산 너머에 걸린 무지개를 잡으려 휘적휘적 뜬금없이 올랐었다. 달짝지근한 송기를 꺾어 빨면서 잡힐 듯 말 듯한 무지개를 향하여. 이른 봄날, 논두렁에서 피어오르는 아지랑이가 이와 비슷하지 않았을까. 아른아른 일렁이는 아지랑이 따라 보리밭 이랑을 푸지게 내 달렸다. 손안에 한 움큼 살포시 잡으려 하면 미꾸라지처럼 잘도 빠져나갔다. 하릴없이 돌리는 발길을 '피-ㄹ 닐리리' 보리피리가 동무 되었다.

모처럼 떠오른 무지개는 시곗바늘을 옛날로 돌려놓았다. 무지갯빛은 희망이요, 상서로움이었다. 무지개를 보면서 많은 꿈을 꾸지 않았던가. 소년 시절의 보랏빛 꿈, 청년 시절의 푸른 꿈, 가슴 속에 묻어둔 사람과 이루어지기 바라는 마음도 가졌을 터다. 그에 얽힌 달콤한 이야기도 많다. 무지개는 견우직녀가 만나는 오작교에 비유한다. 오색 타원으로 꽃피우는 날이면 처녀 총각들이 사랑을 속삭이는 날이다. 하늘과 땅이 맞닿은 곳에 무지개가 찬연하게 떠오르면 목욕 내려온 선녀를 만난다며 덩달아 실개천을 찾았으니 낭만의 극치가 아니었던가.

소 등 하나를 사이에 두고 내리는 것이 소나기다. 빗줄기가 사라지기 무섭게 무지개가 피워 오른다. 일곱 색깔 무지개를 좇아가는 친구들의 눈빛은 수정보다 더 맑았다. 그렇게 많던 동무들은 지금은 무얼 하고 있을까. 그리움이 싸아하게 다가온다. 나에게만 따스했던 촉촉한 눈빛, 다소곳한 미소를 머금은 그녀는 어느 하늘 아래 있는지. 하나둘씩 떠나간 농촌의 빈집에는 황량한 바람만 인다. 모처럼 곱게 떠오른 무지개가 스산함을 밀어내었으니 이 아니 반가우랴.

글 줄이 잡히지 않아 끙끙거리는데 약방에 감초 같은 일이 벌어졌다. '띵 똥~' 색깔을 띤 메일이다.

"무지개가 보이십니까. 땡 잡았어예." 글 벗이자 짝지인 S로부터 날아온 칼라메시지다. 그녀도 무지개 꿈에 빠져들며 자막을 두드렸으리라. 사위어 가는 꿈나무에 단물을 잣아 올려주는 짝꿍의 마음 씀씀이가 고맙다. 무지갯빛은 꿈의 빛이라고 일컫는다. 앞 못 보는 사회학자 헬렌켈러는 장엄한 나이아가라에서 일곱 색 물보라를 영혼의 눈으로 본다 하지 않았던가. 영혼이 맑은 사람만이 무지개 길을 거닐면서 행복의 꿈을 꿀 수 있다는 말과 같을 성싶다.

잡히지 않는 꿈을 잡으려 애쓰며 무던히 안달하였다. 세월이 훌쩍 넘었지만, 그 시절에 피워 올렸던 무지개 꿈에 빠지고 싶다. 아름다운 빛이 아스라이 사라지더라도 일곱 빛깔 무지개에 덧칠하는 삶이 되고 싶다. 꿈 너머 꿈, 무지개 꿈은 이어져야 하겠기에.

제2부

세상보기

마음 밭의 잡초 / 호미로 막을 것을 / 암탉
구체구에서 나를 보다 / 쓰촨성, 지진의 현장을 관통하며
개같이 벌어 정승같이 쓰라 / 미꾸라지 / 거짓말 약
너 자신을 알라 / 땀 / 운무雲霧 / 자기를 이겨야
분수噴水 / 워낭 소리 / 껍질

마음 밭의 잡초

병원 침상에 누웠다. 섬광처럼 튀는 파란빛을 받아낼 재간이 없어 질끈 눈을 감아버렸다. 사마귀와 검은 점들이 노린내를 풍기며 찌직찌직 타고 있다.

조상으로부터 물려받았음인지, 마음 밭을 잘못 가꾸었는지 얼굴에 잡초는 비 온 뒤 대순처럼 쑥쑥 돋아났다. 점을 빼러 간다는 나에게 대뜸 뱉어내는 아내의 소리가

“환갑 넘은 나이에 주제 파악하소. 아무리 소제해도 청소 빨 받겠습니까.”라고 힐난한다.

“신언서판도 모르나. 아직 당신 호강시키려면 이 공장, 저 공

장 여러 사람 상대해야 하거늘, 볼품없는 외모에 혐오감마저 준대서야."라며 귓가에 흘려버렸다. 막상 시술실에 들어서니 더럭 겁부터 났다. 불가루 휘날리며 지져대는 따가움을 참아낼 수 있을까.

나의 점 빼기는 사춘기부터 시작되었다. 같은 반의 여자 친구에게 잘 보이기 위함이었다. 사용하고 남은 건전지의 진득한 고체가 약의 원료였다. 뾰족한 침으로 점 주위를 자극하고 화학성분의 약을 살짝 바른다. 딱지가 곱게 떨이지면 성공적 수술이다. 가끔 치료가 잘못되어 깊게 파인 자리가 흉터로 변한다. 친구 중 한 사람은 아직도 웅덩이 같은 흔적을 계급장처럼 달고 다닌다. 만날 때마다 그것을 화두로 추억을 되씹는다.

두 번째 점 빼기는 간호사 출신 돌팔이에게 얼굴을 맡겼다. 가정을 돌아다니면서 불법 시술을 하던 터라 마룻바닥이 곧 병상이었다. 조수가 팔다리를 옴짝달싹 못하게 짓누르고 전원을 꽂는다. 완전히 전기고문이다. 벌겋게 다룬 용접기 같은 흉물은 목적물에 불통을 튀긴다. 따끔따끔한 아픔을 어금니 사이로 물었다. 마치 인두로 사육신을 닦달하는 형국이다. 땀띠가 엉겨 붙듯 얼굴이 만신창이가 되었다. 마치 똥파리가 배설물을 질펀하게 갈겨 놓은 것처럼 검은 똥으로 얼굴을 칠갑하였다. 껍질이 속살까지 걸고넘어져 천연두 꼴 나지는 않을까 안절부절못하면서도 얼굴을 맡겼다.

잡초는 뿌리째 뽑아야 한다. 생명줄을 놓지 않고 잔뿌리에서 쉴 새 없이 돋아난다. 잡풀이 땅거죽을 뚫듯 잡티는 살가죽을 줄기차게 뚫는다. 이번만큼은 제초제를 확실하게 뿌리리라. 병원 입구는 시골 장터처럼 북새통이다. 요즘 가장 호황을 누리는 병원이 성형외과·피부과라 한다. 사방을 둘러봐도 나처럼 오래된 사람은 드물었다. 사람 대하기가 계면쩍었다. 행여나 아는 사람 만날까 봐 가져간 책에 눈동자를 고정해버렸다.

눈 아래 눈물점 두 개를 포함하여 여기저기 손 볼 곳을 정하였다. 과녁을 향하여 날아오는 레이저 화살은 목표물에 정확히 박히며 꼬리를 떤다. '파르르 찌직' 돈 되는 소리인지 신명이 잡혔나 보다.

"눈물점 야무지게 뽑아주소." 주술처럼 뇌까렸다.

캐어낸 점의 숫자가 정확하게 일곱 개다. 오른쪽 뺨에 네 개, 왼쪽 뺨에 세 개, 콧등을 넘어 연결선을 그어보니 그대로 북두칠성 좌표다. 생사화복을 주관하는 자미원에 위치한 북두성을 솎아내었으니 빛의 뿌리를 송두리째 뽑아 버린 셈이다. 눈물 사마귀를 보낸 것은 아깝지 않았지만, 조물주가 내린 복점도 있었을 터인데…. 순간의 선택이 백 년을 좌우한다는 말을 잊었는지, 진중치 못한 행동이 목에 가시처럼 걸린다.

인기 있는 연예인으로부터 일반인들까지 얼굴을 리모델링하는 것이 유행이다.

'신체발부수지부모身體髮膚受之父母라.' 감히 훼손치 않음이 효의 시작이라 하지 않았는가. 공자의 말씀도 흘러간 옛이야기가 된 지 오래다. 그렇게 아끼던 살가죽을 늘어졌다는 이유로 가위로 잘라 휴지통에 팽개친다. 주름을 펴는 보톡스 시술이며, 이상한 물질을 몸속에 집어넣어 유방과 입술을 부풀린다. 주름살이 거미줄처럼 쳐진 나이에 조상이 내린 복점에 상처를 남겼다. 그런 처지에 신체 학대 운운하는 것은 모순의 극치다.

스무 살까지의 얼굴은 모름지기 부모님이 물려준 선물이라 하였다. 그 뒤로는 화장으로 가꿈이 아니라, 안으로 살피고 닦은 결정結晶이 자연스레 밖으로 피어날 때 진정한 참모습이 아닐까. 앞으로는 수술대에 오르는 주책 떠는 일은 없어야 하겠다.

호미로 막을 것을

큰 맘을 먹고 치과를 찾았다. “벌리세요. 조금만 더. 찌릿찌릿할 거예요.”라는 간호사의 말이다. 치아를 갈아대는 소리가 병실에 가득하니 두려움에 소름이 돋아난다.

굵은 소금을 가늘게 빻아 손가락으로 문질러 대는 것이 어릴 적 양치였다. 이똥이 엉겨 붙어 겹겹이 쌓였으니 치아가 온전했으랴. 날 때부터 앞니의 한가운데가 벌어졌다. 틈 사이로 헛발음이 새어 나와 어머니를 졸랐다. 누런 금이빨을 덮어씌우고는 기뻐서 입을 다물 줄 몰랐다. 소위 지붕을 덮은 셈이다. 관리가 시원찮아 고장을 일으켰다. 워낙 겁이 많고 엄살이 심한 터라 마음을 다잡고자 『약해지지 마』 라는 책이 내 손에 쥐어졌다. 언젠가 한번은 아픈 이를 빼러 병원 침상에까지 누웠다가 화장실에 간다 하며 줄행랑을 쳤으니까.

어릴 적 이 빼기는 아버지의 몫이었다.

"치아를 빼기 전에 아침저녁으로 흔들어라." 앞뒤로 흔들림을 확인하고는 시멘트 포대의 질긴 실이 그놈의 하단을 야무지게 감는다.

"입을 벌리고 하늘을 쳐다보라."라는 말과 동시에 이마빼기에 불이 나고 입안이 얼얼하다. 실패했을 때는 문고리에 실을 연결하여 활짝 열어젖힌다. 순간 하늘이 노래진다. 실 끝에 대롱대롱 매달린 호박씨 같은 이를 지붕 위로 홱 던진다. 어머니가 만든 간이 밴 국물을 마신다. 소염제 역할을 하였으리라.

지붕을 덮어씌운 지 25년이 지났다.

가끔 시큰거렸지만 '지붕을 뜯고 리모델링하면 되겠지.'라는 희망은 물거품이 되었다. 겉은 멀쩡했으나 속은 많이 썩어 있었다.

"구제 불능인데요."라는 의사의 진단에 "살려내야 한다." 황소고집에 어이없는 표정이다. 가당찮은 주장에 따라 기둥은 하나만 박고, 남아 있는 뿌리는 살려 보자고 의사와 합의했다.

수술실로 들어갔다. 마취주사가 잇몸 깊숙이 박힌다. 엉덩이에 맞는 주사와는 강도부터 달랐다. 잇몸이 부어오르며 묵직하게 쑤신다. 흉물스런 드릴이 나사형 철근을 물고 잇몸 속에 들어온다. 짜르르 짜르르 잇몸을 뚫는 소리다. 섬뜩하다. 모든 체모가 다투어 일어선다.

"몸에 힘을 빼이소."라는 간호사의 주의다. 몸이 나무 등걸처럼 올라붙고 근육은 수축하였으니 스크루가 제대로 들어가지 않았던 모양이다. 손바닥에 땀이 끈적거렸다.

'약해져서는 안 돼. 잇몸 뚫는 소리를 경쾌한 음악으로 들어야지. 그네가 창공에서 내려올 때 아랫도리가 서늘하듯 쾌감으로 느껴야지.'

어느 날부터 아내는 입맞춤을 거부하였다.

"남들 앞에 나설 때는 꼭 양치 하이소."라는 말을 오래전부터 들었던 터다. 그때부터 치아가 곪아 들어가고 있었던 모양이다. 사랑이 있으면 역겨운 고름도 입으로 빨아낸다 하였거늘. 한 이불을 덮고 사는 처지에 하찮은 입 냄새로 입술을 외면하니 너무한 것 아닌가. 엎친 데 덮친 격으로 식사 중에 임시로 걸어놓은 앞니 세 개가 흘러버렸다. 드라큘라 형상이다. 이 모습마저 아내가 보았으니.

덮어씌운 치아의 보수는 십 년 주기가 적당하다고 한다. 때를 놓쳐 공사비가 엄청 많이 들 모양이다. 며칠 만에 끝낼 치료가 여섯 달이나 걸린다. 돈 잃고 시간 잃고 아내의 입술까지 잃은 셈이다. 호미로 막을 것을 가래로 막고 있다.

암탉

퇴근하여 대문을 들어서니 낯선 암탉이 뒤뚱거리며 따라왔다.

육계를 키우는 집은 더러 있지만 이렇게 몸집이 좋은 닭은 보기 드물다. 어디서 흘러왔는지 왼쪽 눈은 감긴 상태다. 요즘 도둑고양이가 닭장을 침범하여 모가지를 비틀어놓는 일이 자주 있다는데 피난 왔을까.

바로 이웃에 사는 아이가 쪼르르 따라오면서
"할배, 낯선 닭인데 잡아 묵어뿌자."
"얘야, 내일 아침 이장님이 방송하여 주인을 찾아보도록 하자."

"할배, 방송하면 주인이라고 나설 사람 열 명도 넘을 낌니더."

며칠 후면 중복이라 살 오른 닭다리를 안주 삼아 소주 한잔 걸치면 안성맞춤인데. 주인 없는 닭이기를 은근히 바라고 있었다. 야릇한 기쁨에 취해 있던 차, 소년의 말이 명치를 찌른다.

비행기 사고나 보상이 두둑한 대형 사건이 터지면 위자료 문제로 평소 왕래도 없던 사람들이 독버섯처럼 고개를 내민다. 어른들의 바람직하지 못한 처사를 적잖게 보아 왔을 터. 맑고 밝은 영성을 지녀야 할 나이에 뜬금없는 말을 불쑥 뱉으니 누구의 책임인가.

이른 새벽, 마을 이장에게 방송을 부탁할 참이었다. 자전거로 고샅을 돌아드니 인고 댁 노파가 지팡이로 콩 이랑을 휘젓는 것이 아닌가.

"아지매, 이른 새벽에 뭐 하능교?"

"삼 년 동안 키워왔던 달구새끼가 흔적이 없어졌네. 하루도 거르지 않고 달걀을 낳았는데…."

왕거미 줄처럼 쳐진 주름살에 실망의 빛이 고인다.

"계란 낳거든 반지씩 농갈라 묵자." 닭을 안고 기뻐하는 인고 댁, 그 모습은 꽃밭의 달리아보다 훨씬 환하게 피어나고 있었다.

구체구에서 나를 보다

일행을 태운 버스는 하늘이 맞닿은 곳으로 가쁜 숨을 토해내며 꾸역꾸역 오른다. 동부 티베트의 민산산맥이 거느린 수천 미터의 준령을 감고 돌 때마다 마음도 덩달아 떠오른다. 산허리에 띠를 두른 하얀 구름은 연방 모양을 달리한다.

성도시에서 반나절 넘게 달려온 자동차는 삼천 고지 구절양장九折羊腸의 길로 곡예 한다. 삐걱하면 수백 미터 낭떠러지 행이다. 그 길을 중국 기사는 호기롭게 달린다. 앞차를 추월해야만 직성이 풀릴 모양인지 경적은 쉴 새가 없다. 손바닥에는 땀이 배어나고, 헛 브레이크는 얼마나 밟았는지.

황룡의 4,200미터에 고지에 섰다. 아래는 민산이 뻗어내린 수많은 봉우리가 발아래 엎드려 절한다. 천군만마를 거느린 듯 호연지기를 만끽한다. 도도한 기분도 잠시뿐, 하늘을 찌를 듯한 설보정 정상이 하얀 눈을 덮어쓴 채 나를 호령하고 있다. 5,588미터, 오만하고 위풍당당한 위세에 압도되고 말았다. 빙벽을 낀 계곡은 산악인의 귀한 목숨을 더러는 품었으리라. 시리도록 파랗던 하늘에서 먹구름이 한 조각이 몰려오더니 소나기 한줄기가 후두두 지나간다.

고산증에 시달릴 수 있다는 안내양의 말이다. 미리 약을 먹고 산소통도 챙겼다. 일행 중 대부분이 산소 부족증에 시달렸다. 사이나를 먹은 암탉처럼 모두가 비실거린다. 힘에 겨운 친구를 부축하면서 여유를 부린 것까지는 좋았다. 하산을 얼마 두지 않아 사단이 벌어지고 말았다. 벤치에 앉는 순간 현기증이 몰려왔다. 모든 사물이 아지랑이처럼 아롱이고 정신은 어릿거리며 흔들렸다.

'이러다 가는구나!' 흔들리는 의식을 곧추세우는 데는 상당한 시간이 필요하였다. 지난밤, 부족한 잠과 취침 전에 마신 소주 탓이리라. 입안에서 구슬처럼 굴러다녔던 안남미 밥과 니글니글한 중국 음식도 한 몫 거들었을 것이다.

순간 온갖 생각이 스쳐 간다. 박범신의 산악소설 『촐라체』에

나오는 주인공이 깎아지른 빙벽을 정복하고자 치열했던 정경이 떠오른다. 험준한 산을 이기려면 치밀한 준비가 없으면 죽음까지 부른다는 말이 절실하게 다가온다. 웬만한 산의 정상은 올랐던 터라, 만만하게 본 것이 화근이었다. 어쭙잖은 체력으로 에베레스트 베이스캠프까지 트레킹을 계획하였으니 무모한 일이다.

구체구의 또 다른 거대한 골짜기에는 이십여 리에 걸쳐 형형색색의 호수를 품고 있다. 진주탄 폭포다. 진주 방울이 구르는 형상이다. 떨어지는 물보라에 어우러진 오색 무지개는 가히 환상적이다. 일찍 눈멀고, 귀먹고, 말 못한 사회학자 헬렌켈러가 나이아가라에 섰다. 천지를 진동하는 폭포소리와 현란한 물보라를 영혼의 귀와 눈으로 듣고 보면서 자연의 위용 앞에 간이 콩알만 해졌다 하지 않았던가. 그녀가 이곳에 섰다면 어떻게 갈파하였을까. 크고 작은 호湖와 소沼가 담고 있는 맑은 물과 오채지에서 뿜어내는 아름다운 물의 향연을.

경해 앞에 섰다. 물속에 가라앉은 나무, 뛰노는 물고기, 모래알까지 눈 안에 들어온다. 진줏빛 고운 물은 먼지 미립자도 허용치 않았다. 호수가 담은 산, 하늘, 모두가 거울보다 선명하게 다가온다. '아! 이것이 바로 명경지수明鏡止水로구나.'

작달막한 체구도 나타난다. 왜 이렇게 볼품이 없는지. 오장육부에 성능 좋은 렌즈를 갖다 대는 형국이다.

몇 해 전, 아내에게 끌려 내시경을 보았다. 위장은 헐어 있고, 대장은 기름기가 덕지덕지 붙어 있었다. 핏줄에는 기름이 끼여 통로가 좁아졌으니 조심하라는 경고를 받았다. 첨단 기계가 마음마저 잡아낸다면, 무엇이 비칠까 두려움에 떨었던 터다.

세상의 어떠한 내시경의 성능이 여기에 견줄 수 있으랴. 호수에 드리워진 산 그림자와 나타난 내 모습이 너무나 투명하여 더럭 겁이 났다. 여과 없이 투시될까 봐 황급히 돌아서 버렸다.

쓰촨성, 지진의 현장을 관통하며

듣기만 하였던 쓰촨성 지진, 그 현장을 달렸다. 하늘을 찌를 듯한 준령을 양쪽으로 끼고 계곡을 따라 뚫린 길은 끝없이 이어진다. 흘러내리다 멈춘 바윗덩이가 금방이라도 덮쳐올 것 같아 간은 콩알처럼 오그라든다. 기나긴 죽음의 계곡이다. 통과하는 반나절이 얼마나 지루하였는지 모른다.

2008년 5월 12일, 땅과 강이 흔들리고 하늘도 흔들렸으리라. 파도처럼 어깨를 건 수천 미터의 봉우리는 천지를 진동하는 굉음을 토하며 허물어져 내렸다. 정상에서 산허리로 흘러내린 바윗덩이와 돌 자갈은 순식간에 계곡을 점령하였다. 적색 분지, 앉은뱅이 나무들의 뿌리에만 제 살을 내어준 웅장한 민둥산은 자연의 노여움에 맥을 놓고 말았다. 갈기갈기 찢긴 상흔의 부산물은 수많은 생명을 묻어버리면서.

쓰촨성 문천에서 발생한 진도 8의 강 지진은 삽시간에 십만 명 이상의 목숨을 앗아갔다. 학교와 관공서, 많은 가옥을 쓸어버렸다. 민강을 이어놓은 다리의 잔해가 그날의 참혹상을 말해주듯 널브러져 있고, 바위에 짓눌려 납작해진 자동차는 무너진 다리 난간에 걸려 있다. 옛길은 흔적 없이 사라지고 반대편 산기슭에 새로운 길이 뚫렸다.

"친구가 이 길을 오르던 중, 갑자기 닥친 돌무덤에 묻혀 자취 없이 사라졌다." 안내양의 목멘 말이 우리를 숙연케 한다. 어디 그뿐이랴! 고사리 손이 시멘트 골조에 끼인 채 링거를 드리우고, 수많은 사람이 피투성이가 된 채 죽어갔다. 아비규환阿鼻叫喚이란 말이 이를 두고 한 것이 아닐까. 요소마다 폐허가 된 마을을 그대로 보존하며 <지진 피해 현장>이란 팻말이 눈에 들어온다. 자연의 무서움을 일깨울 모양이다. 이재민 구호와 복구에 참여한 정부와 단체에 감사하는 글귀가 길거리마다 걸렸다. 관광객에게 보이려는 홍보성임을 짐작케 한다.

이러한 참상을 막을 수는 없었을까.

이 지역은 일정한 주기로 지진의 위험을 안고 있다며 우리 사료와 대륙사 연구가의 지적이 있었다. 그럼에도 불구하고 소국의 훈수를 무시한 모양이다. 건축물도 허술하기 그지없고 지진에 대한 대처가 전혀 되지 않았을 성 싶다. 새롭게 복구하는 건축물의 현장도 내진 설계와는 거리가 먼 듯 보였다. 복구의 현장을 보니 기초 공사도 허술하기 짝이 없다. 블럭으로 벽을 쌓아 올리는 모습이 어설프다. 참사가 언제 일어났느냐는 듯 무덤덤하다. 대륙 사람의 배짱일까.

이웃 나라 일본에서 얼마 전 발생한 지진은 쓰나미를 동반하며 엄청난 피해를 가져왔다. 빈번하게 일어나는 지진에 완벽하게 대비한다 하였지만, 자연의 위력 앞에 손을 쓰지 못하였다. 아직 큰 피해는 없었다 하더라도 한반도 곳곳에는 크고 작은 지진이 일고 있다. 내진 설계부터 시공, 감리까지 꼼꼼하게 챙겨야 할 일이다. 안전 불감증에 익숙한 민족이다. 눈 가리고 아웅하는 식의 처사는 뿌리를 뽑아야 할 일이다.

지진의 현장은 아직도 깊게 핥긴 손톱자국이다. 위용을 자랑하는 뫼는 이마에서 발목까지 속살을 허옇게 내어 놓고 있다. 심장 중심부의 살점까지 난도질을 당하였으니, 그 상처가 언제

쯤 아물는지. 성서 구약에는 노아의 방주로 인간을 응징하듯, 이곳에도 신의 저주가 있었음일까. 가혹함이 이렇게 극에 달할 줄이야.

오월의 중순임에도 구체구에는 눈발이 날린다. 여기에서 발원한 지류는 민강이 안는다. 돌무덤 속에 묻힌 수많은 넋을 담은 무심한 물결은 양자강으로 흐느끼며 내닫고 있었다.

개같이 벌어 정승같이 쓰라

'개같이 벌어 정승같이 쓰라.' 라는 옛말이 있다.

먹고 살기가 어려운 시절, 입에 풀칠하기 어려웠으니 개에겐 들 먹이를 제대로 주었을까. 어린이의 배설물 청소는 당연히 개가 당번이었다. 먹을 만한 것에는 무엇이든 가리지 않고 주둥이를 들이댔으니 그렇게 비유하였나 보다.

개는 충직하여 사람을 가장 잘 따른다. 애완동물로 한 방에 거처하는 대접을 받는다. 외출할 때도 동행하고, 패션은 여염집에서는 얻어 입을 수 없는 고급이다. 동물 중에서 인간에게 가장 큰 사랑을 받는다. 그러나 화날 때나 뭔가 풀리지 않을 때는 개XX 운운하며 그들을 들먹이니 아이러니다.

주위에는 악착같이 벌어 정승처럼 뿌리는 인사들도 많다. 평생을 아껴서 모은 돈을 송두리째 사회에 내놓는 할머니도 있고, 자린고비로 유명한 어떤 영화인은 거액을 사회에 쾌척했다. 속담을 실천에 옮긴 사람들이다. 돈을 벌고 모을 때는 알뜰하되 쓸 때는 자물통만 채울 것이 아니라 적당하게 열어야 하지 않을까 싶다.

아내는 내가 움직일 수 있을 때까지 직장으로 내몰 생각인가 보다.

"직장인으로 눌러앉았더라면, 정년을 맞아 편안할 낀데."라는 말에

"그대로 집에 틀어박히면 겉늙는다." 위하는 척하면서 등을 떠민다. 들판에 몰아내는 소처럼 부려먹는 솜씨가 놀랍다. 항간에는 나이를 먹을수록 열 가지 업데이트해야 한다는 말이 있다. 그 중 '지갑을 열라.' 라는 말이 단연 앞머리에 붙는다. 스크루지처럼 움켜쥐지만 말고 알아서 풀라는 말이 아니겠는가. 그러기 위해서는 셰퍼드처럼 돈이 되는 구석이면 코를 박는 것이 옳을 듯하다.

정승이 죽으면 사람이 없어도, 정승집 개가 죽으면 북적인다. 그것이 사회의 한 단면이며 예나 지금이나 인심의 흐름이다. 목민관으로서 자기 배를 채우기 전에 가난한 백성에게 창고 문을 열었다면, 애도의 물결이 줄을 이었을 것이고 공덕비도 덩그렇게 세워졌을 것이다.

정승같이 쓰려면 개처럼 꾸준하게 돈 될 구멍을 찾아야 할 일이다. 무한 경쟁사회에서 상대방을 제압해야만 살아남는다. 약육강식이 생존의 질서다. 비워내어야 한다면서도 진흙탕 싸움에서 헤어나지 못하고 있다. 삼십 년 만에 새로운 거래처를 뚫었다. 수백 회 넘게 드나들었다. 끈질긴 방문에 귀찮아서 거래를 틔워주었는지 정성이 상대방을 움직였는지 모를 일이다. 줄기차게 두드리면 열린다는 진리를 새삼 터득한다. 솟아나는 의욕은 지갑을 채울 수 있는 무형의 자산일 테니까.

억만장자도 지갑을 야무지게 잠그고 있다. 남의 눈치를 살피면서 겨우 지갑을 연다. 떳떳하게 번 돈으로 정승처럼 쓰는 훈훈한 사회가 되었으면. 지갑을 여는 여유를 배우고 싶다. 고인 물은 흘려보내야만 대지를 적시는 젖줄이 되듯, 적당히 비워낸 지갑에는 보람을 채울 수 있지 않겠나.

미꾸라지

미꾸라지라면 먼저 떠오르는 것이 추어탕이다. 쪽빛 하늘은 깊어져 가고 벼가 누렇게 고개를 숙일 즈음 미꾸라지는 통실하게 살이 붙는다. 가을에 먹는 맛이 제맛이다.

'미꾸라지처럼….' 이라며 그들을 폄하하면서 즐겨 먹는다.

미꾸라지 요리는 맛도 맛이지만 잡는 재미가 쏠쏠하다. 동작이 빠르고 미끄러워 맨손으로는 좀처럼 잡기 힘이 든다. 물을 퍼낸 후, 거름을 뒤집듯 진흙 속을 뒤지면 누런 배때기를 자랑한다. 가장 손쉽게 잡는 방법이 통발이다. 어느 날 새벽엔 통발이 묵직

했다. 한 사발 정도는 족히 되리라. 세숫대야에 붓는 순간, 팔뚝만한 뱀이 혓바닥을 널름대며 대가리를 쳐들기도 하였다.

요즘은 미꾸라지 잡는 방법도 바뀌었다. 전기로 지져 잡으니 옛날의 재미는 사라졌다. 개울은 시멘트 구조물로 바뀌어 생활 터전은 좁아지고 삶의 근거지가 위협을 받는다. 마구 뿌려대는 농약으로 햇볕에 내어놓은 지렁이처럼 비실거린다. 굵고 실하지가 않으니 옛날 맛이 없다.

경기도 포천에 미꾸라지 요리로 이름난 식당에 들렀다. 펄펄 끓는 순두부에 산 채로 넣었으니 탈출구는 두부 속이다. 단층 촬영하듯 난도질당한 그놈의 몸뚱이가 쟁반에 올라왔다. 잔인한 방법에 미안한 생각이 들었지만, 유명한 포천의 막걸리에 안주로 특미였다.

식품으로 뛰어난 미꾸라지를 두고 부정적으로 회자하고 있으니 안타까운 일이다.

'미꾸라지 한 마리가 웅덩이 전체를 흐린다.' 라는 속담이 바로 그 말이다. 단체나 사회생활에서 약게 행동하는 사람을 미꾸라지에 비유한다. 그 사례가 매스컴에 자주 등장한다. 나라를 경영하는 지도층과 재벌들이 많다. 서민은 꿈속에서도 만져 보지 못할 큰돈을 게눈 감추듯 꿀꺽한다. 어쩌다 법망에 걸리면 무슨 재주를 부리는지 미꾸라지처럼 잘도 빠져나온다. 병색이라곤 전혀 없어 보이는 멀쩡한 사람이 병보석이라는 이름을 앞세우고 버젓이 옥문을 나선다. 턱은 두 개로 겹쳐지고, 피부는 기름기로 번질번질한 채. 그들에게 보석금은 아기 과자 값이리라.

재계는 어떠한가. 합법을 위장한 불법 상속과 증여, 억 자 뒤에는 동그라미가 길게 붙어 천문학적이다. 비자금을 잘 만드는 회사가 살아남고, 그린 사람이 능력을 인정받는 세상이다. 금력으로 안 되는 구석이 없다. 정계, 관계, 언론계까지 휘어잡으며 모든 곳에 군림한다. 마구 뿌려대는 큰손들은 솜방망이로 다스린다. "국가의 경제발전에 공이 많았다."라는 성스러운 문구를 붙이고. 한편에는 억울하게 쇠망치로 맞는 사람은 따로 있다. 유전무죄, 무전유죄라는 말이 그냥 흘러나왔겠는가.

미꾸라지가 진흙 속을 파고듦은 생존의 법칙이며 자기보호 본능이다. 그들에게 구정물은 삶의 동반자다. 맑은 물을 이전투구의 장으로 만드는 사람은 누구인가. 미꾸라지가 소금을 덮어쓸 때 풀이 죽듯, 진정 소금 세례를 받아야 할 대상은 따로 있어야 마땅하다.

‘하늘의 망은 성글어도 빠뜨리지 않는다.’ 라고 하였다. 미끌미끌 잘 빠지는 사람들을 촘촘한 통발에 정중하게 모심이 옳을 듯하다. 닭 먹고 오리발 내미는 미끄러운 처신은 없었는지 돌아볼 일이다.

거짓말 약

제우스신은 사람이 너무 정직하면 재미가 없다 하여 거짓말하는 약을 골고루 뿌렸다. 남은 약을 모두 덮어쓴 사람이 정치인이 되었다는 이야기다. 약발을 가장 잘 받았을 모양이다.

천안함 사건으로 꽃다운 장병이 산화한 지 두어 달이 채 지나지 않았다. 이를 북풍으로 연결 지으며 선거 열풍으로 몰고 가는 정객들의 재주가 비상하다. 순풍 될지 역풍 될지 두고 볼 일이지만.

지금 전국은 걸쭉한 거짓말 공연장을 방불케 한다. 이 사건을 두고 소설 쓴다하는 저명인사, 자작극이란 사람, 오폭설 주장자, 잠수함 충돌, 아니면 좌초되었다는 등, 그럴싸한 이야기가 어지럽게 춤을 춘다. 나 같은 필부는 어느 장단에 춤을 춰야 할지 정말 헷갈린다.

진실로 나라를 걱정하고 국민의 지도자가 되겠다는 양반들의 입에서 거짓말이 거침없이 튄다. 과학적 근거는 젖혀두고서. 전문가에 의해 그 진상이 양파 벗겨지듯 밝혀지니 서리 맞은 뱀처럼 슬며시 꼬리를 내린다. 아침에 한 말을 저녁에 뒤집는 솜씨는 씨름선수를 능가한다. 표가 보이는 곳이면 언제 그랬냐는 듯 거짓의 혀를 널름댈 것임은 확실하다.

남이 장군이 변방으로 발령을 받았지만, 나이 이십에 나라를 평안케 못했음을 자책했다. 장군이 큰 뜻을 펴지 못함도 정적의 거짓 모함이 아니었던가. 술수와 거짓말, 권력과 명예욕이 지나치면 족쇄를 차고 나락으로 떨어진다는 것쯤은 알 터인데.

나 또한, 거짓말 약을 엄청 덮어쓴 모양이다. 약 효험을 본 적도 더러는 있었지만, 상습적으로 복용하면 약효가 이어질까. 약 기운을 빼러 사우나 해야겠다.

너 자신을 알라

담벼락에는 수세미와 가지가 한창 경쟁을 펼치고 있다. 누가 더 실해지는지. 누가 더 많은 자손을 번식시키는지 쭉쭉 내미는 모습이 호기롭다. 하루 중에서 기가 가장 세어진다는 새벽녘에도 맥을 추지 못하는 주인장에게 경고의 메시지를 보내면서 약을 올린다.

좁은 골목길을 사이에 두고 벌이는 그들의 시합은 볼만하다. 시멘트 바닥도 뚫을 듯한 우람한 모습은 날이 갈수록 기세가 등등하다. 일 년 전 리모델링으로 집 안팎을 파헤쳐 버렸지만, 수세미는 생명줄을 놓지 않았다. 싹을 틔우고 줄기를 뻗어 탐스러운 열매를 주렁주렁 매어 달았다. 변강쇠는 저리 가라 호령하는 듯 샛노란 꽃 속에서 힘차게 팽창하며 기염을 토한다. 더구나 수액은 미용에 좋아 여성들이 탐을 낸다.

가지의 외형은 수세미만 못하여도 번식력은 훨씬 높다. 호불호好不好를 따진다면 덩치가 작은 가지 편을 든다. 반찬감으로도 특급이지만, 미끈한 감촉은 아담의 애플처럼 목에 걸릴 일이 없어 좋다. 간 기능을 높이고 고혈압 치료에 효과가 있다 하니 안성맞춤이다. 아내는 어디서 들었는지 정력에 좋다 하며 귀찮을 정도로 챙긴다. 가지의 풍채는 수세미에 못 미쳐도 풍부한 영양가는 왜소함을 만회한다.

이른 새벽 아내는 눈을 비비며 비틀걸음으로 텃밭을 밟는다. 넘어져도 가지밭에 넘어지려 함인지. 가위로 자르기 전, 보일 듯 말 듯한 묘한 미소를 흘리면서 쓰다듬고 보듬는다. 무슨 의미일까.

'물건이 이 정도는 되어야지.' 사위어가는 남편의 그것과 비교하는 것은 아닌지, 왠지 자존심을 짓이겨놓는 것 같아 얄밉다.

우람하면 대수냐. 시쳇말로 덩치만 크고 내용이 없으면 유명무실이라고 한다. 옹녀 같은 여인네도 덩치 큰 차보다는 골목길을 잘 헤집는 티코를 선호한다 않았는가.

남자라면 자기의 상징물에 대하여 고민한다. 철부지일 때는 아무 데서나 훌훌 벗어 던졌지만, 사춘기를 지나 청년기에 접어들면서 그놈의 사이즈는 단연 화두가 된다. 치수의 크기가 바로 힘인 양 떠벌리는 것이 수컷들의 속성이다. 공중목욕탕에 들어갈 때마다 신경이 쓰인다. 여성이 빈약한 유방을 부풀려 생활에 활기를 불어넣고 있듯 음경을 확대하여 욕탕을 어슬렁거리는 부류도 더러는 있다. 탓할 바는 못 되지만 쑥스러운 일이다.

나이가 듦에 따라 세력은 가파르게 떨어진다. 고개 숙인 남성을 위하여 실버리본 운동이 유행이다. 시중에는 남성에게 특효라며 OO그라가 봇물처럼 쏟아져 나온다. 중국산 짝퉁이 판을 치고 있으니 조심할 일이다. 순수성이 없는 약물 복용은 멀리함이 옳을듯하다. 그렇다고 겨우 눈을 뜬 개구리와 겨울잠에 들어가는 뱀 사냥은 삼가야 할 일이다.

정성을 들여 가꾸어온 수세미와 가지의 뻗기 시합은 초가을까지 이어질 것이다. 세월에 장사 없듯, 찬바람이 불어오면 주름잡힌 번데기처럼 볼품이 없어지겠지. 삼라만상이 그럴진대 부질없는 생각으로 빠져드니 그것이 문제다.

"너 자신을 알라!"

땀

"골치 아픈 세상 운운하며 하는 일 집어치우고 농사나 지어야지."라는 말을 너무 쉽게 뱉어내곤 했다. 한두 해씩 나이테가 감겨 갈수록 함부로 할 말이 아님을 깨닫는다.

땀이라면, 산업역군의 땀, 체급별 선수가 계체에 통과코자 사우나로 흘리는 땀, 무더운 여름 들판에서 일하는 농부의 땀, 내공을 쌓는 정신적인 땀 등 그 종류는 무수히 많다. 어느 것 하나 가치가 없을까마는 뙤약볕 아래서 농부들이 흘리는 땀을 존경한다. 한 톨의 곡식을 거두고자 수백 번 허리를 굽혔다 폈다 하며 쏟아 내는 그 땀을 좋아한다.

베짱이처럼 시원한 그늘만 찾으면서 땅의 가치를 잊은 적은 없었는가. 한 방을 터뜨리고자 주식으로 펀드로 복권으로 눈 돌린 일이 한두 번이 아니었다.

"준비하고 쏴!" 주택복권 프로에 채널을 고정하고 부질없이 귓밥만 만졌으니. 주가의 변동에 마음을 조아리고 빨간 불 파란 불을 좇아가며 허수아비 춤을 추지 않았던가.

부모님이 생전에 가장 아껴왔던 땅에서 땀 흘리기를 시작했다. 30년 만의 귀향이다. 시골 태생인지라 농사일이 낯설지는 않다. 떨어지는 체력으로 걱정이 앞섰지만, 어느 정도의 농사일은 거뜬히 해낼 수 있다는 자신감에 묘목 100그루를 심었다. 제대로만 열리면 수익이 쏠쏠할 것이다. 시골 장터에서 친구들과 더불어 수육을 안주 삼아 막걸리 한 투발을 들이켜며, 취흥에 젖어 유행가 한두 구절 뽑아내는 낭만도 괜찮을 성싶다.

농사일은 말처럼 만만치 않다. 보릿짚 모자를 눌러 쓰고 몇 시간을 구부려 일하다 보면 칙칙한 땀은 등줄기에 골을 이룬다. 중참으로 먹은 막걸리가 가세하니 열린 땀구멍은 닫칠 겨를이 없다.

'왜 저질렀는고.' 게으른 사람이 논이랑 헤아린다는 말처럼, 땅 한 번 파고 허리 한 번 펴면서 먼 산을 바라보는 시간이 더 많아진다. 사레 긴 밭 언제 갈려는지.

“뭣 때문에 가리 늦게 고생을 사서 할라 카능교.” 아내의 핀잔에는 애써 외면해 버린다.

어머니는 밤이 이슥하도록 베틀에서 내려앉질 않았다. 나무를 심은 이곳은 목화밭이었다. 길쌈한 무명베는 농토를 조금씩 넓혀간 원천이었다. 방직 기술의 발달로 길쌈의 가치가 떨어질 때까지 목화 재배는 이어졌다. 무명베에 검정으로 물들인 바지는 연방 해어진다. 무릎은 이중 삼중으로 기워서 입었지만, 마음만은 넉넉한 시절이었다. 청순하고 은은한 목화꽃이 떨어진 그곳에는 소녀의 젖꼭지 같은 다래가 매달린다. 설익은 다래를 어머니 몰래 많이도 따 먹었다.

‘목화꽃 한 송이를 피우면 무명실이 몇 타래일 것인데…….’ 외동아들에게 매는 차마 못 대고 꺾어진 꽃대를 하릴없이 만지작거렸다. 송골송골 땀으로 밀어낸 아쉬움을 철이 들고야 알았으니.

아버지의 생명을 단축하게 한 것도 이 밭이다. 이른 새벽 콩 심으러 나가면서 소주병에 넣은 농약을 중참인 줄 알고 마셨다. 구순이 가까워져 삭정이처럼 사그라진 체구에 농약의 독성은 천수天壽를 여지없이 앗아가 버렸다. 괴로움에 부르르 떨면서도 자식에게 걱정을 끼치지 않으려고 아픔을 안으로 삼키면서, 모진 고통을 소나기 땀으로 떨어냈다.

이제, 인생의 반환점을 훌쩍 감고 돌아 석양을 향하여 휘적휘적 걷고 있다.

'지구가 멸망하더라도 한 그루의 나무를 심겠다.' 라는 성현의 말씀을 겸손하게 받아들여야지. 어린나무와 친구하는 자체가 희망이다. 부모님의 땀도 흥건하게 녹아있지 않는가. 자두와 복숭이는 뿌리를 내리려고 쉬지 않고 펌프질을 하고 있다. 짓줄을 잣아 올리는 생명의 소리를 들으면서 진정한 땀의 의미를 캐내고 싶다.

운무雲霧

짙게 내려앉은 운무는 한바탕 소나기를 쏟을 모양이다. 간간이 떨어지는 빗방울은 차창에 영롱하게 매달린다. 후줄근한 날씨와 바다 회는 궁합은 덜 맞지만, 우리 일행은 소풍 나온 어린아이같이 신명 났다.

질퍽거리는 죽도 시장바닥은 시끌벅적하다. 쭉 늘어선 횟집 골목길 여기저기서

"잘해 드릴게예." 손님을 끄는 소리는 생생한 삶의 현장이다. 눈길을 주면 떨쳐내기 어렵기에 시선을 아예 깔아 버렸다. 물건을 사 달라고 굽실거리며 영업하는 것이 나의 일상일진대, 이런

날도 있구나 싶어 왠지 기분까지 좋아진다.

“여보! 이것 좀 보소.” 아내의 다급한 목소리다. 손에는 빛바랜 낯선 손가방이 쥐어져 있었다.

“근처 수협에 맡겨 버리지 왜?”

“당신이 알아서 처리하이소.” 공을 나에게 넘겨버린다. 오래전, 아내는 시내버스에서 주운 지갑을 차장에게 맡겼다. 그 돈이 주인의 손에 온전히 들어갔는지 아직도 믿지 못하는 눈치다.

견물생심이다. 마음의 밑바닥에서 운무가 스멀스멀 일어나고 있었다. 양심을 가리는 구름이다. 우리 일행이 충분히 먹고도 남을 액수였다. 꿀꺽하고 싶은 유혹에 스스로 놀랐다. 마음을 비워내고사 탐독한 법정 스님의 『무소유』, 『소설 무소유』가 무색하다. 모든 시선이 내게로 쏠리면서 추이를 지켜보고 있는 것이 아닌가. 어두운 방에서 마음을 속여도 신의 눈은 번개와 같다(暗室欺心 神目如電)는 말이 있지 않은가.

“30분 안에 주인을 찾아내겠다.”라고 호기롭게 뱉어버렸다.

굼벵이도 구르는 재주가 있듯, 사람 찾는 데는 형사 버금간다고 자부한다. 지난날 병무행정을 다룰 때 기피자를 많이 찾아다녔다. 집이 가난하여 무작정 가출한 청년들이다. 그 중 한 사람은 주소를 생략한 채 묵호(지금 동해시)우체국의 소인만 찍혀 있어, 고깃배 승선자 명부를 샅샅이 뒤지기도 하였다. 건설 현장이 많은 울산의 어느 산골짜기에 문패도 번지수도 없는 곳에 숨어 있는 행방불명자도 찾아냈다.

먼저 당사자 확인이다. 단서가 만만치 않았다. 전화번호가 깨알처럼 적혀 있는 쪽지는 배추장사 문서처럼 어지럽다. 겨우 글자를 깨우친 듯한 솜씨다. 무통장 입금 영수증에 김00임을 확인하고는 적힌 번호대로 전화를 걸어 나갔다.

"김 아무개를 아느냐?" 물음에 모른다는 답변만 들려올 뿐이다. 낯선 사람의 전화가 귀찮았을 것이고, 해코지나 하지 않을까 하는 마음도 있었으리라. 미궁 속으로 빠져들어 가는가 했더니 알아볼 수 없을 만큼 해어진 종잇조각이 나왔다. 한약방에 결제한 카드 영수증이다. 사인한 삐뚤빼뚤한 글씨가 위의 필체와 동일인임을 확인하고는 '찾았구나!' 안도할 수 있었다. 개인 정보 운운하며 한의사가 떨떠름한 반응을 보이더니, 내용을 듣고는 우리 병원 환자라며 친절하게 연락처를 알려 주었다.

"김00 씨 맞습니까?"

느닷없는 물음에, 처음에는 경계하듯 긴장한 목소리였다. 통화가 길어지면서 목소리가 떨려옴을 느꼈다. 상대방이 기쁨에 떨었다면, 진정 떨어야 할 것은 잠시나마 연막을 친 나의 양심이다. 칠순 갓 넘어 보이는 할머니가 넙죽 절부터 하면서 들어온다.

"시아버지 제삿장을 봐 놓고 지갑을 잃어버렸으니 조상 뵐 면목이 없어 자책했었다." 떨리는 노파의 목소리는 감격에 차 있었다.

"소주 몇 병이라도…."

만류할 틈도 없이 몇 장의 배춧잎을 던지고는 총총히 사라진다. 스저이는 파도소리를 들으면서 들이켜는 소주 맛이 이렇게 좋을 줄이야. 구름을 헤집은 햇살이 안개를 한 겹씩 걷어내고 있다.

자기를 이겨야

한국기원 대구 지원에는 담배 연기가 자욱하다. 가늘게 터지는 한숨 소리, 머리를 벅벅 긁어대며 자책하는 소리가 연방 터진다. 그 와중에도 딱딱 두어가는 바둑돌의 소리는 경쾌하다. 오묘한 바둑에 매료된 지 40개 성상을 넘으면서 아마추어 중급의 실력을 갖추었다.

매주 목요일은 고교 동문 바둑 모임이다. 올해는 총 리그전으로 상금이 쏠쏠하다.

"선배님은 작년에 우승하였기에 양보함이 어떨는지요, 기력棋力은 체력인데 형수님께 찬밥신세지요." 심기를 살살 긁기 시작한다.

'고도의 심리전술에 말려들지는 말아야 할 텐데.' 마음을 다잡았다. 평소에 즐겨 쓰는 외목이다. 암수가 도사린 대사 정석을 들고 나왔다. 상대방이 걸려들기만 하면 무식한 가물치가 낚싯바늘을 목구멍까지 삼키는 형국이다. 소목으로 걸쳐오면 눈목자로 씌우고, 붙이면 끼우고…. 석 점 하수인 후배가 보기 좋게 걸려들었다. 바둑판 사 분의 일에 해당하니 간단히 첫째 판을 건졌다. 월척을 올리듯 짜릿한 손맛은 가늘게 떨린다.

"후배도 제력이 이상 있는 것 아니냐. 제수씨께 별 대접 못 받겠구먼. 히히." 이죽거리며 받아칠 수 있으니 승부의 세계는 이기고 볼 일이다.

한국 바둑계가 세계를 주름잡으며 국위를 높이고 있다. 어린이 두뇌 회전과 노인들의 치매 예방에도 좋으니 장려해야 할 스포츠다. 우리나라 바둑의 지평을 연 조남철 사부를 비롯해 기사의 기풍에 따라 별명이 다채롭다. 천하의 조훈현은 조제비, 서봉수는 잡초 바둑, 서능욱은 여의봉, 하찬석은 합천 도사, 이세돌은 날쌘돌이, 최근 응씨배에 우승한 최철한은 독사란 애칭이 따라다닌다. 그 중 돌부처란 별명을 지닌 이창호를 좋아한다.

바둑은 자기와의 싸움이다. 천하를 호령하던 일본 기성인 수

책의 '이적지수耳赤之數' 라는 유명한 말이 있다. 형세가 좋고 나쁨을 얼굴색으로 점친다 하였다. 민감하게 반응하는 부분이 귀인지라, 귓불이 발갛게 물들면 마음을 도둑맞는 꼴이다. 돌부처 이창호는 도무지 표정을 읽을 수 없다. 독심술讀心術에 걸릴 일이 없으니 상대는 주눅이 들면서 스스로 무너진다. 그의 바둑은 화려하지 않으면서도 은근한 빛을 발한다. 대마를 잡으려 서두르지 않는다. 돌다리도 두들기듯 행마가 신중하다. 틈만 생기면 물고 늘어진다. 불사조 같은 치열한 끈기는 종착역까지 이어진다. 실수를 저질러도 흔들리지 않는 것은 성찰의 산물이 아니겠는가.

바둑은 인생과 닮은꼴이다. 나의 진지를 돌아본 후 적진에 침투하고, 급소를 찌른 후 작전을 펴는 것은 공격의 기본이다. 한 방에 보내려는 것은 욕심이다. 정교한 잔 펀치가 주효한다. 매에는 장사 없다. 형세가 불리할 때는 자폭을 각오하고 특공대를 투입한다. 주위에 우군이 외로우면 화평책을 쓰고, 적의 포위망에 걸리면 도마뱀이 꼬리를 잘라주듯 미련 없이 버릴 줄 알아야 한다. 상대의 강한 곳을 공격함은 계란으로 바위 치는 꼴이니 만용은 금물이다.

'남을 알고 자기를 알면 백전백승, 남도 모르고 자기도 모른다면 백전백패.' 손자가 가르친 병법이다.

'뭉치면 죽고 헤어지면 산다.' 라는 역설적인 말도 있지만.

삶이 질곡의 파도를 탈 때면 바둑을 생각한다. 그 안에는 무궁무진한 진리와 철학이 담겨 있다. 인생의 여정에서 이에는 이, 칼에는 칼로 대응하면 부러지는 것은 당연한 이치다. 도낏자루 썩는 줄 모르고 묵묵히 기다릴 때 기회는 오리라. 바둑은 상대가 놓은 돌이 팔팔해야 나도 팔팔하게 숨 쉴 수 있는 고급 승부이다. 승패를 가르는 싸움판이기도 하지만, 상생의 조화로운 균형 맞추기다. 승부의 세계에서 이기는 것은 즐겁다. 승리도 매력 있는 일이지만, 훌륭한 벗을 만나 수담手談을 나눌 때 진들 어떠리. 여유를 갖는 것이 진정한 군자다.

인터넷 바둑판 앞에 가끔 앉는다.

'꼼수는 두지 말아야지. 남의 집 커 보이지 않도록 마음을 비우면서 자신을 이겨내야지.' 가다듬은 마음은 연방 오간 데 없다. 연거푸 지고 말았다.

분수噴水

무더운 습기가 내려앉는 초여름 밤이다. 분수 쇼를 구경하자는 손녀들의 손에 끌려 수성못을 향하였다. 호수에 드리워진 산 그림자가 솔바람에 일렁인다.

여기저기서 탄성이 터져 나온다. 음악이 흘러나오면서 물줄기가 서서히 꿈틀거린다. 살아 숨을 쉬는 듯 배경 음악에 맞춰 현란한 춤사위를 펼친다. 때로는 감미롭게 때로는 웅장하게. 열병의식을 취하 듯 질서 정연한가 했더니 아가씨 허리처럼 가늘게 하늘거린다. 빛과 소리, 영상의 멋진 조화이다. 부서지는 물보라에 레이저를 쏘아대며 연출하는 영상물은 환상적이다. 급기야는 모든 물을 송두리째 뽑아낼 듯 허공을 향하여 힘차게 분출한다. 아이들은 깡충거리고 어른들도 매료되었는지 모습조차 시원하다.

"저놈의 줄기가 하늘까지 뚫을 모양이제. 기운도 디기 씬 기라. 한창나이 때는 내 줄기도 저 정도는 됐을 낀데." 걸쭉한 농담이 밉지 않다.

대장 물줄기가 하늘 높이 힘차게 솟구칠 때 모든 시선은 그쪽으로 쏠린다. 소위 주연급이다. 카메라의 초점도 거기에 맞춘다. 양쪽에서 열심히 춤을 추는 조연은 관심에서 밀려난다. 마치 허수아비 춤을 추는 것처럼 초라하다. 주연과 조연은 신분의 차이로 뚜렷하게 차별 대우를 받는다. 영화나 안방의 연속극도 그렇지 않은가. 주인공은 거금을 손에 쥐고 조연은 푸대접을 받는 것이 오늘의 현실이다. 칠흑 같은 어둠이 샛별의 가치를 만들어 내이듯, 조연 없는 주연이 있겠는가.

한 사람의 힘보다 여러 사람의 지혜가 모일 때 큰 힘을 얻는다. 운동 경기도 마찬가지다. 축구·배구 등 단체경기는 팀워크가 중요하다. 축구에서 골을 넣는 골잡이가 주목을 받고, 배구의 공격수도 상대 진영에 공을 강하게 내리꽂을 때 관중은 열광한다. 축구의 골키퍼와 배구에서 몸을 던지는 수비수가 없다면, 공격이 제대로 이루어질 수 없는 것처럼.

뱀의 머리가 될지언정 용의 꼬리가 되지 않으려고 발버둥을 친다. 모든 사회인은 머리되기를 좋아한다. 초등학교에서부터 시동을 건다. 반장을 하기 위하여 어머니의 치맛바람은 드세다. 윗자리를 차지해야만 직성이 풀린다. 주연을 꿰어 차려고 온갖 방법을 동원한다. 자그마한 모임부터 주연에만 눈독을 들이며 살아왔다. 높은 자리를 두고 이전투구泥田鬪狗하는 것을 탓할 바가 못 된다.

가장 안정적인 사회는 항아리 모양이어야 제격이다. 경제 구조도 마찬가지이다. 독불장군은 없다.

'한 명의 천재보다는 열 사람의 바보가 더 중요하다.' 라는 말이 있듯이 조연이 없는 주연은 있을 수 없다는 것을 분수가 보여준다. 넓은 호수에서 자기만 잘난 채 외줄기로 뿜어대면 무슨 멋이 있겠는가. 운동경기에 나 홀로 출전하여 일등 한들 무슨 의미가 있겠는가.

카리스마의 리더십은 이제 통하지 않는다. 가슴으로 서비스하는 지도력이 통하는 사회이다. 돌아보지 않은 어두운 곳에서 묵묵히 일하는 조연의 가치가 인정받는 사회가 되어야 할 것이다. 빛나는 앞자리는 넙죽 삼키면서 뒷자리 앉기를 꺼리지 않았는지 돌이켜 볼 일이다. 콩나물이 시루에서 모두가 고르게 잘 자랄 때 보기가 좋다. 수직의 관계에서 수평으로 소통하는 바람직한 구조의 필요성을 분수가 일깨운다.

호기롭던 물줄기가 꺾이면서 곤두박질치면 볼품이 없어진다. 조용하게 춤추던 조연의 물보라가 머릿속에 오래 남을 듯하다. 소나무 가지에 걸린 초승달이 서산에 빨려들고 어둠은 여물어간다.

워낭 소리

난생처음 종합검사를 받았다. 결과를 기다리자니 마음이 초조했다. 긴장을 풀 겸 아내에게

"영화 한 프로 땡기로 가자."라는 제안에

"취미 없으니 당신이나 댕기 오소." 퉁명스러운 대답이다.

"혼자서 무슨 재미로?"

"걸맞은 할매 한 사람 섭외하라."

젊었을 때는 약간은 관리하더니만 쇠 떨어지고 힘까지 떨어지니 서서히 찬밥 신세가 되는 모양이다.

영화 『워낭 소리』다. 엉덩뼈만 앙상한 마흔 살 먹은 소가 워

낭을 울리면서 막이 오른다. 댕그랑 댕그랑 청량한 소리는 아슴푸레한 유년시절로 옮겨 놓았다. 여름방학이면 야산에 소를 방목하고 강가에서 해 지는 줄 모르며 물장구를 쳐대지 않았던가.

시장 통에서 마신 술로 만취한 할아버지는 달구지에 몸을 던진다. 소는 주인을 태우고 안전하게 집으로 모시는 장면이 영화의 핵심이다. 소는 주인을 위하여 희생한다. 궂은일을 마다치 않고 가계에 기둥 역할을 한다. 장정 여러 몫을 거뜬히 해내는 큰 일꾼이다. 논갈이, 써레질, 뙤약볕에 혓바닥을 뺄 정도로 힘겨워도 게으름을 피울 줄 모른다. 멍에의 자국이 목덜미에 깊이 박히지만, 묵묵히 달구지를 끈다. 무거운 짐으로 등이 휘어도 우직함은 변함이 없다.

소는 농가의 재산목록 1호였다. 키워서 재산을 일구었고, 아들딸 학자금과 혼수비용 등 목돈을 충당한다. 말처럼 경망하지 아니하고, 호랑이처럼 교만하지 않으며 돼지처럼 욕심을 부리지 않는다. 한가로운 여름날, 느티나무 그늘에서 지그시 눈을 감고 되새김질할 때면 수도승의 모습이다. 똥파리가 등에서 괴롭혀도 꼬리만 일렁이니 동물 중에 군자다. 쓸모없어 푸줏간에 들어설 때는 십자가를 짊어진 성인의 모습이다. 소띠인 내가 이광수의 『우덕송牛德頌』을 열거함은 자화자찬自畵自讚인가? 굳이 닮은꼴이 있다면, 풀을 좋아하는 소처럼 나물을 좋아한다는 것뿐이다. 우공牛公의 덕성에 견줄 건더기는 찾을 수가 없다.

어릴 적, 외양간에서 여물을 주며 키웠던 여러 마리 소가 죽어나갔다. 예방약이 없었던 때인지라 전염병이 돌면 손을 쓸 수가 없었다. 소위 황병이라 하여 걸리면 치사율이 높았다. 온갖 조약을 써보지만, 백약이 무효다. 하루는 고삐 풀린 소가 방으로 들어가서 보리쌀을 먹고 있었다. 족히 반말은 먹었으리라. 방에 들어간 것도 희한한 일이지만, 초식 동물이 날곡식을 먹었으니 풍선처럼 탱탱한 배는 꺼질 줄을 몰랐다. 구유에 물을 연방 빨더니 하룻밤을 넘기지 못하고 저세상으로 가버렸다. 한 식구 같은 소를 보낼 때마다 가족 모두는 눈물을 찍어냈다.

영화가 막바지에 이른다. 소의 수명이 얼마 남지 않았다는 수의사의 진단이다. 죽기 전 시장에 내다 팔아 몇 푼이라도 챙기라는 가족의 권유다. 자식들의 압력에 못 이겨 우시장에 나갔다.

"오십만 원, 혹자는 백만 원 이상은 줄 수 없다." 소 장수들의 한결같은 말이다.

"사백만 원 밑으로는 죽어도 안 판다." 분명하게 선언한다. 살았을 때 팔아야 고기값이라도 건질 수 있다는 것을 왜 몰랐겠는가. 죽을 날이 가까워졌음을 점치고 임종을 지켜보려는 할아버지의 뜻일 터다. 반평생을 함께한 분신 같은 존재를 돈 몇 푼에 연연치 않겠다는 결연한 의지다.

잦아드는 워낭 소리와 함께 스르르 눈을 감으며 사십 생애를 마감한다. 망연히 바라보는 할아버지의 굵은 주름에는 그렁그렁 눈물이 매달렸다. 인간이 죽으면 한 줌의 재가 되어 뿌리기 바쁜 세상이다. 땀 흘린 밭떼기 한편에 야트막한 봉분을 이루고 있었으니 죽어서도 외롭지 않으리라.

껍질

제비의 지지배배 소리가 새벽잠을 깨운다. 영롱한 아침이슬을 머금었는지 수정처럼 상큼하다. 휴대전화의 인공적인 알람 소리와 어찌 비교할 수 있으랴. 오월이라 하지만 팔목에 좁쌀이 인다. 서늘한 새벽 공기를 가르는 자전거 페달의 감촉이 가뿐하다.

교문에 들어서기 무섭게 여기저기서

“허이, 형님. 허이, 도련님!” 연호하는 소리와 손짓에 정감이 물씬 묻어난다. 운동장 바퀴를 돌면서 삶의 이야기가 질펀하게 깔린다. 송아지 낳은 이야기, 개 사랑하는 이야기, 누구 집 개새끼 몇 마리 낳았다는 이야기, 수컷 힘에 따라 새끼 숫자를 좌우

한다는 이야기, 복숭아 적과, 봉지 싸는 이야기를 비롯해 신상에서부터 가정사 이야기까지 걸림 없이 쏟아낸다. 이웃 간 애환의 일에 서로가 내일 같이 동참한다. 웬만한 일은 껍질을 벗겨 내고 속살을 내보인다.

대구에 새벽 운동은 마을 뒷산이다. 어저께 모처럼 비다운 비로 말미암아 아카시아 냄새가 싱그럽다. 야트막한 산이지만 제법 골짜기를 이룬 곳에서 인적에 놀란 꿩은 후두둑 날고 이름 모를 산새들의 지저귐도 경쾌하다. 간혹 먹이를 찾던 고라니가 놀란 눈을 희번덕이며 껑충껑충 잠적한다.

정상에 오르는 동안 많은 사람을 만난다. 얼마 전까지만 하여도 늘 먼저 인사를 하였다. 남녀노소를 불문하고. 마주하는 상내는 각양각색이다. 아예 외면하기, 마스크로 눈과 귀만 빠끔히 내어 놓은 복면의 여인, 눈길은 주지 않고 건성으로 대답하는 사람, 정말 찐 맛이 없다. 슬며시 부아가 오른다.

'내가 미쳤나. 한살이라도 먹었으면 내가 더 먹었지.' 속 좁은 마음이 스멀거린다.

산상 토론은 다양하고 활발하다. 정치, 사회, 문화 분야 등, 이야기를 봇물처럼 쏟아낸다. 정치 이야기에는 모두가 국회의원, 장관이 되고 사회부분으로 들어가면 점입가경이다. 특정인을 도마 위에 올려놓고 마치 꽁치를 구워내듯 이리 헤집고 저리 뒤집는 솜씨는 씨름선수 뺨을 친다. 모두가 금메달감이다. 대화의 대열에 끼지 못하면 무식이 탄로 날까 봐 은근슬쩍 틈새를 비집는다. 양심의 껍질을 야무지게 무장하고서.

빤히 바라다 보이는 같은 하늘 아래 사람들, 사는 방법은 비슷하건만 도시와 농촌의 양상이 뚜렷하게 대조를 이룬다. 인정이 모락모락 피어오르는 시골의 아침, 그곳에는 자기 껍질을 벗겨 낸 순수함이 있다. 행여 서로의 속살에 상흔을 남길까 봐 조심스레 감싸는 따스함이 있다. 그에 반해 피상적인 도심의 군상은 어떠한가. 묵직한 자물통으로 껍질을 야무지게 채운다. 먹이가 나타나면 마구 씹는다.

인간은 사회 안정과 화합을 희구하는 합리적 존재이면서 때로는 갈등을 조장하는 데서 쾌감을 맛보는 모순덩어리이다. 이것이 인간의 양면성이 아니겠는가. 나 역시 이 부류에 범벅되어 늪으로 빠져들 때가 잦다. 남의 약점을 들춰내면서 야릇한 쾌감은 느끼니 고약한 일이다.

나의 껍질 속에도 수십 년 먹은 능구렁이가 똬리를 틀고 있을진데, 누가 나이를 먹으면 순진무구純眞無垢 한 아가가 된다고 하였는가.

제3부

갓바위골의 서사

노래자랑 심사위원 / 모교의 앞날을 걱정하며
설원의 보현산 / 회초리 / 늑대의 울음소리 / 보리밭
천성암(독좌암) / 불굴사의 아동제일약수我東第一藥水
배려 / 호국의 달에 / 만수 아재 / 보릿고개
수육 / 반딧불의 공 / 변신

노래자랑 심사위원

에메랄드 하늘은 더더욱 깊어지고, 가을이 무르익는 모교의 교정에는 만국기가 나부낀다. 교문에는 꺽다리 두 놈이 몰려드는 동문을 향하여 허수아비 춤사위를 벌이면서 반갑게 인사한다.

학생이 많을 때는 칠백 명 가까이 교정을 메웠지만, 지금은 오십 명을 못 채우니 썰렁하기 그지없다. 어린이들이 북적일 때 잡초는 돋아날 생각조차 못하였다. 지금은 운동장 구석마다 잡풀이 뒤엉키고 군데군데 덮어쓴 이끼로 을씨년스럽다.

일 년에 한 차례 펼쳐지는 동창회 체육대회다. 팔공산 자락,

마음의 고향으로 자리 잡고 있는 모교에서 열리는 큰 잔치다. 신 나는 축제의 한 마당이다. 구기 종목을 시작으로 줄다리기, 노인 경기 등을 치른 뒤 마지막으로 노래자랑이다. 후배들이 심사위원으로 떠민다. 짧은 실력에 심사한다는 게 쉬운 일이 아니다. 모두가 사랑하는 후배이기에 우열을 가리기가 어렵다.

심사위원석에 앉았다. 자리하기 무섭게 로비가 들어온다. 손가락으로 동그라미를 그리면서 뇌물성 물량공세를 쓴다. 입술로 가져간 손이 연방 나를 향하여 날리면서 미인계를 들고 나온다. 정신을 몽롱하게 하는 그 작전이 약발을 가장 잘 받는다. 막걸리로 거나해진 후배는 술의 힘을 빌려 아예 노골적으로 나온다.

"선배, 상품 한 개 챙겨주지 않으면 재미없을 낍니다."라는 협박형 등 각양각색이다. 상품은 보잘것없는 비누 몇 조각에 지나지 않지만.

작은 일에도 혈연에 끌리고, 동기생이라 괄시할 수 없고, 평소 친분이 남달라 외면치도 못한다. 멸치 뼈다귀처럼 걸리는 것이 왜 그렇게 많은지. 심사 자리는 매력 있는 자리다. 나도 모르게 어깨에 힘이 들어간다. 아마추어 오락에도 무게를 잡으면서 권좌에서 끗발 부리는 사람을 어떻게 나무랄 수가 있겠는가. 그들의 서슬 퍼런 으름장엔 파리 손을 비벼댄다. 납작 엎드리는 졸부들의 모습에서 느끼는 쾌감이 상당하리라. 신사임당을 가득 채운 궤짝도 뒤따르니 그 맛을 싫다 할 위인은 드물 것이다.

갖가지 전형에 올곧지 못한 심사로 인해 사회 문제로 불거진다. 부조리가 판을 치고 있음은 어제오늘 일이 아니다. 가장 공정하게 선택받아야 할 사람이 억울하게 밀려나는 일이 허다하다. 인맥의 고리가 개입되어 우수한 자원이 떨어지는 세상이다. 심사자리에 있을 때는 눈도장 찍히기를 바란다. 그 자리를 떠나면 보내는 눈빛은 얼음장처럼 차갑고, 권위는 곤두박질친다. 그러나 한번 오르면 내려가기를 꺼린다. 권불십년權不十年이라 하였다. 박수를 받으면서 내려올 줄 알아야 할 일이다. 거머리처럼 집착의 도가 넘어 쇠 팔찌를 차는 구차한 몰골을 흔히 볼 수가 있다.

노래자랑 심사, 작은 일에서부터 가치관이 흔들렸다. 살아오면서 어디 그뿐이었으랴. 쓸만한 자리에는 군침을 많이 흘렸다. 땅거미가 교정에 시나브로 깔려오면 폭죽을 하늘로 쏘아 올린다. 터진 불꽃이 영롱한 별빛과 무리지어 쏟아 내린다. 따끈따끈한 불침이 미련한 나의 정수리에 쉴 새 없이 꽂아대고 있었다.

모교의 앞날을 걱정하며

이렇게까지 어려울 줄 몰랐다. 이천 명 가량 거주하는 우리 학군에 신입생 여섯 명을 겨우 채웠으니까. 하늘의 별을 따는 것이 이렇게 어려울까. 아동 수가 많을 때는 한 학년이 백 명을 넘었는데.

뒤로는 팔공산 갓바위가 파수꾼처럼 음전하게 앉아 있고, 줄기를 타고 내린 무학산의 나래가 모교를 품고 있다. 유장한 골짜기마다 발원하여 도란도란 흐르는 걸은 모교를 감고 돌아 금호강으로 흘러간다. 경북의 젖줄인 낙동강과 만나리라. 봄날이면 복숭아 · 자두 꽃은 야트막한 언덕과 들판을 덮고, 벌 · 나비의 현란한 춤사위가 펼쳐진다. 내뿜는 꽃 향은 교정에 흥건하다.

모교의 내력이다.

- ❖ 1935. 4. 1 와촌공립보통학교 부설 신한 간이학교 설립
- ❖ 1944. 5. 1 와촌 서부국민학교로 승격
- ❖ 1950. 6. 25가 터지던 해 목조 건물 2개 동을 신축하고 박사리로 이전. 그해 5. 10 제1회 졸업.
- ❖ 1956. 3. 1 대동국민학교로 교명이 변경.
- ❖ 1996. 3. 1 초등학교로 명칭이 바뀌어
- ❖ 2011. 2. 18 현재 3,679명이 졸업했다.

개교 당시는 교실이 부족하여 가마니때기가 교실 바닥이었고, 오전 오후반으로 나뉘어 등교하였다. 비가 오는 날은 박사리 마을 회관을 종종 이용하였다. 그 시절 학교생활의 정황은 어떠하였는가. 몽당연필을 대나무 대롱에 끼워 끝까지 사용하며 절약정신을 키웠다. 타이어 고무로 만든 지우개는 질이 낮은 공책을 파먹기 일쑤였다. 숭숭 뚫린 마룻바닥은 학용품을 널름널름 삼켰고, 녹이 슨 함석지붕은 날금날금 떨어져 나갔다. 지붕은 세찬 바람이 불 때마다 우그러졌다 펴지면서 괴롭게 울어댔다. 한겨울, 솔방울 난로는 매서운 추위를 밀어내지 못해 순번을 정해가며 난롯가에 앉았다.

부모님을 졸라 만 여섯 살이 안 된 나이에 입학했다. 코를 닦은 소매는 반들반들하게 윤이 났고, 누룽지 같은 때로 터진 손등에는 안티푸라민이 번들거렸다. 머리에는 소똥이 켜켜이 쌓였고, 무명베 속옷의 꿰맨 자국에는 이와 서캐가 득실거렸다. 머리에는 허연 디디티 가루가 흰 눈처럼 날아다녔다. 온 방은 파리똥이 질펀하고 천정에는 똥받이가 연의 꼬리처럼 나부꼈다. 쥐새끼는 수챗구멍에서 먹을 것 찾기에 분주했다. 쥐 꽁지를 자르고 파리 잡는 일이 방과 후 숙제다. 회충약을 나눠주고 대변 속에 굼늘거리는 그놈의 숫자를 헤아려야 하는 것이 가장 싫은 과제였다.

전쟁의 후유증과 거듭된 흉년으로 도시락을 가져오는 학생은 반수에도 못 미쳤다. 그나마 쌀 톨은 보기가 어려웠고 보리쌀, 조, 무밥 등이 주류였다. 우유가루를 배급받는 날이면 선생님의 주의를 무시하고 날가루를 마구 먹어 배앓이로 이어졌다. 재래식 변소 앞에는 설사환자로 길게 줄을 서곤 하였다.

땔감 장만으로 마구 긁고 베어 팔공산 기슭은 벌거숭이 산이었다. 치산치수가 제대로 되지 않아 소나기가 퍼부으면 토사가 그대로 흘러내려 애써 지은 농사는 삽시간에 망가졌다. 호우로 물이 불어나면 학교는 쉬게 된다. 그런 날은 얼마나 좋은지. 공부를 싫어하는 농땡이들은 물고기를 잡는 도구를 어깨에 둘러메고 희희낙락이다.

체육 시간이면 늘 겁이 났다. 달리기에 꼴찌는 단골이었고, 철봉 앞에서는 달달 떨었다. 일 학년 어느 날 초조와 긴장으로 오줌을 싸 버렸다. 친구들이 눈치 챌까 봐 얼마나 황당했던가. 요행이 기저귀 역할을 톡톡히 해준 솜바지는 부끄러움을 감춰 주었다. 못 본 척한 짝꿍이 얼마나 고마웠는지 모른다. 지금 그녀도 초로의 할머니로 곱게 늙어가고 있다. 동창회에 만나 옛이야기 나눌 때면 허물이 없다. 편안하게 가슴을 열 수 있으니 고향의 친구가 으뜸이다.

놀이는 어떤 것이 있었는가. 볏짚을 새끼로 둘둘 말아 축구공을 만들었고, 지게막대기는 야구의 배트였다. 말랑말랑한 고무공은 오래 버티지 못해 연방 속살을 내보인다. 기마전, 돌치기, 딱지치기, 제기차기 등은 남학생의 차지였고, 고무줄넘기, 주머니차기, 땅 따먹기 등은 여학생의 놀이이다. 단연 인기가 있었던 종목은 고무줄놀이다. 난이도에 따라 정강이에서 허리춤으로, 어깨 위로 올라가면 치마폭도 춤을 춘다. 엉큼한 남학생이 슬금슬금 몰려들고 꼴깍꼴깍 침을 삼킨다.

포근한 어머니 품속 같은 모교, 말만 들어도 가슴이 설렌다. 초등학교를 졸업한 지 반세기가 넘었건만 모교가 있음에 행복하다. 해가 갈수록 어린이 숫자가 줄어드는 것이 농촌의 현실이다. 그로 인해 분교, 폐교 위기로 치닫는 학교가 많다. 우리 모교도 예외는 아니다. 교육 환경이 좋은 가까운 읍으로 전출한 결과이다. 맹모삼천지교를 실천하려는 학부모의 열정을 어떻게 막을 수 있단 말인가. 아동 숫자를 채우지 못해 복식 학급으로 운영하니 한 분의 선생님이 두 학년을 가르친다.

"한 사람이 두 학년을 담당하니 교육이 제대로 될 리 없다." 항변하는 학부모의 고충을 이해할 수 있지만, 모교가 위기를 맞아 안타까울 따름이다. 동창회를 중건하고 폐교 위기에 있는 모교를 살리고자 장학회를 결성하고 어린이들에게 처음으로 장학금을 지급했다. 고사리 같은 손에 하얀 봉투가 건네진다. 기쁘게 바라봄이 마땅할 터인데 마음이 씁쓸하다. 미끼를 던지는 것 같아 찜찜한 마음이다.

어릴 적 꿈의 요람이었던 모교의 앞날을 생각하니 마음이 썰렁하다. 무지갯빛 꿈을 피워 올렸던 교정에 잡초가 우거지고 조형물에 이끼가 맺힌다면 얼마나 황량할까. 모교를 잃으면서 눈물 뿌리는 일은 없어야 할 터인데.

설원의 보현산

등산로 입구, 올려다본 보현산의 꼭대기는 하늘에 붙어 있다. 저 하늘을 잡을 수가 있을까.

이태 전 환갑 나이, 송아지가 코 꿰어 도살장 가듯 병원에 갔을 때, 혈압이 있고, 피에 찌꺼기가 많고, 심장벽이 두껍다는데….

발자국을 옮길 때마다 숨이 턱에 차오른다. 긴 꼬리를 달고 검은 연기 토해내며 언덕길을 오르는 낡은 기관차처럼. 후미에 후배와 삼인조, 앞서거니 뒤서거니 멈칫거림은 균형을 맞추려는 그들의 배려이리라.

먼저 등정한 팀, 낙동정맥이 흐르는 보현의 정상에서 개선장군이다. 한설 타고 오는 찬바람 아랑곳하지 않고 반 시간 이상을 기다리지 않았는가.

"고생했심더." 손을 내미는 후배들의 따스한 눈빛은 꾸밈이 없었다. 전신에 전이되는 따사로움이 봄볕 같다.

나그네의 발걸음이 뜸한 하산 길, 한 자 이상 쌓인 능선은 순백이다. 청순한 아가씨가 지켜온 순결 같다. 한발 한발 내 디딜 때마다 파열음이 싸아한 아픔으로 들려온다. 뽀드득뽀드득 온몸으로 받아주고, 참나무의 푹신한 낙엽은 발목마저 부드럽게 애무한다. 이상화의 보리밭 이랑이 이보다 부드러울까.

두런두런 일행의 정담은 딱따구리 울음소리에 파묻히고, 보현산이 감아 안는 법룡사에서 흘러나오는 염불 소리가 하산하는 후배들의 뒤통수에 따라붙고 있었다.

회초리

밤사이 쌓인 눈은 야트막한 초가집 추녀까지 기어오르고, 매서운 추위에 안방의 걸레마저 쩍쩍 얼어붙었다. 변소 길도 끊기고 이웃과도 두절이다. 아슴푸레한 옛날 얘기다.

살을 에는 추위지만, 썰매 타기와 팽이 돌리기는 마음을 들뜨게 한다. 아버지가 보국대에서 가져온 방한모자를 눌러쓰고, 투명한 얼음판에 썰매 자국을 내며 쌩쌩 바람을 가른다. 얼굴은 발갛게 얼어도 아랑곳하지 않는다. 멋을 부릴 수 있는 것은 발스키가 제격이다. 스키의 재료인 칼날은 제방에 쌓아놓은 돌망태 철사를 훔쳤고, 발판은 학교의 마룻바닥의 두꺼운 송판이 안성맞춤이다.

겨울방학, 학교 지붕에 연기가 모락모락 올라오고 있었다. 난로를 지피는 친구는 태연하고 여유로웠다. 그는 교실 바닥을 두더지처럼 뒤져 몽당연필, 지우개 등을 건져 재미를 보았다. 여학생에게 빼기기도 한다. 방학 중, 텅 빈 교실에 불을 피우는 것은 상상할 수 없는 일이다. 목조 건물에 지붕은 검은 폐유까지 덮어쓰고 있으니.

"꼼짝마랏!" 당직 선생님의 불호령이다. 그 친구는 다람쥐처럼 창문을 타고 줄행랑을 쳤지만, 맹추같이 옴짝달싹 못한 채 얼어붙어 버렸다. 회초리는 머리통, 어깨, 허리, 종아리 등 온몸으로 감겨왔다. 주범은 달아나고 종범만 죽도록 맞는 꼴이다. 대나무가 부챗살처럼 너덜너덜해졌다. 때리다 지쳤는지 호주머니를 뒤진다. 무명 저고리 호주머니에는 아껴 먹던 인절미 한 조각이 먼지를 물고 있었다.

"도망간 놈 누고?"

"....."

선생님의 닦달은 계속되었다.

"모리겟십니더." 회초리의 두려움에서 사라지니 오기가 발동하였나 보다.

"개학하면 보자." 엄포를 놓고는 구부정한 큰 키에 긴 팔을 휘적이며 등을 보였다. 그때가 4학년, 나이 열 살이었다. 선생님이 엄청 미웠다.

밤새 끙끙 앓았는가보다. 새벽녘, 어머니가 머리를 쓰다듬으며 울퉁불퉁한 매 자국을 확인한 모양이다.

"임금과 스승은 부모와 같다 하지 않았더냐. 맞으면 잘 크느니라." 그렇게 말씀은 하였지만, 가슴은 얼마나 아렸을까. 평생 매라고는 손에 쥐어본 일이 없었는데…. 지금의 잣대로 가져다 댔더라면, 그 선생님은 열 번이라도 더 옷을 벗었을 것이다. 지금은 어떠한 체벌도 금한다고 한다. 오히려 학생이 선생님을 희롱하고 수업까지 방해하는 세상이 되어버렸다.

억울했던 그때의 매는 좋은 약이 되었다. 군 시절, 줄 배트를 거뜬히 견뎌 냈다. 물리적인 체벌만 매가 아니지 않은가. 공무를 다루면서 서슬 퍼런 감사관의 매도 맞았다. 어쩌다 장사꾼이 되어 상대방의 관심 없는 시선은 몽둥이보다 더 아팠다. 여러 가지 매를 이겨낼 수 있었던 힘은 선생님의 따끔한 회초리 덕택이리라. 그러나 맷집을 내세워 매를 가볍게 여김은 조심해야 할 일이다. 권투선수가 두 팔을 내리고 건방을 떨다가 낭패당하는 꼴을 간혹 본다. 지나친 자신감은 만용일 따름이다.

주범격인 그 친구는 마을 어귀에 구판장을 차려놓고 있다. 퇴근길 막걸리 잔을 나누면서 옛날을 더듬는다. 걸고넘어지는 물귀신 작전을 쓰지 않아 고맙다고 말한다. 자기를 대신하여 죽도록 맞았으니 양껏 마시란다. 적당한 매는 진정 보약일 터. 서릿발 같은 겨울철에 그 선생님 생각난다.

늑대의 울음소리

우우~ 새벽마다 늑대가 울었다. 어린이가 우는 소리와 흡사하다. 산과 들에 흰 눈이 수북이 쌓이고 살을 에는 추위에도 어김없이 운다. 다섯 가구가 길러 마셨던 공동 우물가에서 하늘을 보고 짖어대는 슬픈 울음소리다. 주린 배를 채우고자 내려왔으리라.

늑대가 울면 나도 따라서 운다. 밖에는 늑대가 울고, 방안에는 철없던 내가 울었다. 늑대의 울부짖음엔 뭔가를 낚았는지 알 수 없지만, 나의 울음은 장롱 속에 깊숙이 감춰진 곶감을 낚아챘다. 잠을 자는 척, 이불을 뒤집어쓴 누나들의 침 삼키던 소리가 알

싸한 아픔으로 다가온다. 이때부터 나쁜 버릇이 생겼나 보다. 먹을 것만 생기면 어떤 자리든 손이 먼저 나가니까. '세 살 버릇 여든까지.' 라는 말이 나를 두고 이르는 말일 성 싶다.

늑대는 계절에 관계없이 내려와 설쳐댔다. 주위에 늑대에게 물려가다 살아남은 사람이 둘이 있다. 고모와 얼마 전 작고한 C형이다. 여름밤 멍석에서 자다가 늑대의 공격을 받았다. 어른들의 도움으로 목숨은 건졌지만, 그들의 어깨는 늑대의 이빨 자국이 선명하다. 사람이 먼저 해코지하지 않으면 신체공격이 없다는데…, 늑대가 왔다 하면 우는 아이가 울음을 그쳤으니 달래는 방법의 하나였다. 아이가 칭얼거릴 때 늑대나 순사가 온다 하면 뚝 그치는 것이 그 당시의 분위기였다.

밤에 변소 가는 일이 걱정이었다. 누나들은 호롱불을 받쳐 든 아버지의 호위를 받으며 다녔으나 나는 아예 요강 단지를 탔다. 한방에 온 가족이 올망졸망하다 보니 새벽녘이면 오줌 누는 소리에 모두 단잠에서 깬다. 때맞춰 콩나물시루에서 타고 내리는 물소리도 한몫을 거든다. 수탉이 홰를 치고 교회의 종이 울리면 늑대의 울음소리도 잦아든다.

"함부로 삽짝 밖에 나가지 마라." 어머니는 물레를 잣고, 누나들은 수를 놓으면서 희붐하게 열리는 새벽을 맞는다.

속이 엉큼하고 여자를 잘 후리는 남자를 늑대라 하지 않았던가. 아내에게 늑대라는 말을 심심찮게 들었다. 인정은 하면서도 억울한 마음이다. 야수처럼 덤볐다 하더라도 방어를 잘했다면 쉽사리 먹혔을까. 울타리 단속도 제대로 아니하고 도둑만 나무라는 것은 온당치가 않을 듯하다. 요즘도 뭔가 마음에 안 차면 "늑대 같은 남자 때문."이라고 투덜댄다.

"임자 말이 맞다. 당신은 순한 양이고, 나는 굶주린 이리다." 산뜻하게 인정해주는 것이 몸에 이롭다.

사람 없는 섬에서 양식이 떨어졌을 때, 가장 먼저 동물적 근성을 나타내는 것이 인간이다. 그중에도 인격자인 척 행세하는 위인이 더 강한 본성을 드러낸다. 늑대는 그렇지 않다. 먹을 것이 생기면 먼저 가족에게 양보한다. 자란 후에는 키워준 부모를 자주 찾는다. 수컷은 일편단심이다. 짝을 위해서는 목숨을 초개같이 버린다. 수컷을 사냥할 때 암컷의 피를 창끝에 바르면 날이 선 그곳을 정신없이 빨아댄다. 자기 피가 쏟아지는 줄도 모르며 죽어간다. 황야의 벌판에서 고립된 사람과 교감하는 의리의 동물이다. 몽골 민족은 아기를 낳으면 늑대의 힘줄을 탯줄로 삼고 복사뼈는 항상 목에 걸고 다닌다고 하였다. 짐승이지만 대접을 받아 마땅하지 않는가.

'늑대만큼만 살아도 세상의 여자는 슬퍼할 일이 없을 것이다.' 라는 말의 의미를 곱씹어 본다. 늑대의 정체성을 찾아내어 성정을 닮고 싶다. 새벽마다 늑대가 울었던 흔적 없는 그 자리에 흰 눈이 사분사분 쌓인다. 달이라도 삼킬 듯 울부짖던 그 울음을 듣고 싶다.

보리밭

남촌에서 실어오는 바람에 보리는 넘실대며 춤을 춘다. 마치 파도가 너울대는 것처럼. 보리밭 이랑에 둥지를 튼 종달새의 날갯짓은 창공에서 분주하다.

보리는 끈질긴 생명력을 가졌다. 가을에 씨를 뿌려 파릇한 이파리에 흰 눈이 덮여도 연둣빛 제 모습을 잃지 않는다. 서릿발처럼 얼어 부풀려진 흙을 밟아 주면 거뜬히 뿌리를 내린다. 모진 추위를 이겨내는 인동초다. 논두렁마다 아지랑이가 모락모락 피워 오를 즈음에는 김매기로 온 들판이 하얗다. 포실한 흙 위에 땀방울을 떨어내는 처녀 총각들은 미리부터 설레었으리라.

싱그러운 보리밭은 데이트 장소로 단연 압권이었으니까.

그 옛날, 사랑을 나누는 장소로는 야트막한 뒷동산의 잔디밭이 제격이었다. 반달 봉분은 부끄러움을 감춰준다. 놀란 새들이 푸드덕 홰방을 놓긴 하지만. 물레방앗간도 더러는 이용되었다. 때로는 방정맞은 쥐새끼의 반들거리는 눈빛은 보초를 서는지 시기를 하는지 모를 일이다.

보리밭은 어떠한가. 한낮이 태양열로 적당하게 데워진 이랑, 싱그런 바람이 보리잎을 쓰다듬는 소리, 보리피리로 분위기를 띄운다.

'보리피리 불며 봄 언덕 고향 그리워 필 릴니리.' 문둥병 시인 한하운의 『보리피리』처럼. 실팍한 흙에서 잘 자란 보리를 쓰러뜨리면 멋진 침대가 된다. 별 무리가 녹아내린 은하의 찬연한 빛은 보리밭 이랑을 파고든다. 온몸이 이슬로 후줄근히 젖는 줄도 모른다. 동녘 하늘에 샛별이 오를 때까지 밀어를 속삭이지 않았던가. 새끼를 품은 어미 종달새는 침범자를 경계하며 밤잠을 설쳤으리라.

동이 트면 골목 여기저기서 시끌벅적하다. 어른들은 경험한 일이기에 보리가 부러져도 흐지부지 넘어간다. 유독 걸쭉한 입심을 자랑하는 할머니는 동네방네를 누비며 삿대질이다.

"아이구, 다 지은 보리농사 망쳤뿟네. 요새 가시나 종내기들은 이리 뒤비고 저리 뒤져가며 분답게 노는 모양이제. 우째 학교 운동장만큼이나 버려놓노." 질러대는 고함은 골목에 차고 넘친다. 장성한 자녀를 둔 어른들은 내심 걱정을 하면서도 입맛만 쩍쩍 다신다.

식량이 남아돌고 비닐하우스 재배로 보리밭을 구경하기 어렵다. 여기저기 들어서는 러브호텔이 보리밭의 낭만을 앗아가 버렸다. 그놈의 사업이 돈이 되는 모양이다. 개발이 한창일 때 모텔은 물밀듯 들어왔다. 이웃마을 입구에도 공사가 착수되었다. 주민이 현장에 현수막을 내다 걸고 반대 시위도 하였다. 허가 관청에 떼를 지어 농성을 벌였지만, 계란으로 바위 치기다. 법의 논리를 내세운 힘 앞에는 맥도 제대로 추지 못하고 찻잔 속에 태풍으로 끝나버린다. 순박한 시골뿐만 아니라 학교 주변까지 독버섯처럼 돋아나고 있으니.

넘실대는 보리밭은 부끄러움을 덮어준다. 러브호텔은 마치 무대에 장막을 열듯 비닐 포장을 열면서 객客을 맞는다. 모두가 사생활을 보호하는 익명성일 터다. 콘크리트 잿빛 공간과 별빛이 쏟아지는 보리밭의 낭만을 견줄 수가 있으랴. 자연경관이 뛰어나 보전되어야 할 지역임에도 번지르르 한 모텔은 보란 듯 들어선다. 건물 전체를 휘황찬란한 네온으로 치장하고 사람의 마음조차 흔들어 놓는다. 애국자가 드나드는 곳인 양, 만국기까지 번듯하게 걸린다.

다행히 보리밭이 눈에 많이 띈다. 온고지신溫故知新을 일깨우려 함인가. 보리밭의 낭만, 거슬러 올라가 그 세계에 빠져보고 싶다.

천성암(독좌암)

팔공산 갓바위冠峰에서 발원한 능선은 동쪽으로 힘차게 뻗어 내려 고즈넉한 곳에 천성암이 엎드렸다. 다른 암자는 골짜기에 숨었지만, 천성암은 동으로 활짝 열려 지평선을 한눈에 조망할 수 있어 가슴조차 탁 트인다. 암자 앞에는 수십 명이 기도할 수 있는 널찍한 바위가 위용을 자랑하고, 그 뒤로는 하늘을 찌를 듯한 대나무가 날을 세워 서걱서걱 울고 있다.

천성암은 통일신라시대 의상대사가 창건하였고, 경산시 와촌면 대동리 산 30-1에 자리 잡고 있다. 대사가 화랑 시절에는 이 곳에서 수련하였으며, 원효가 수도한 원효암은 같은 산 줄기인지라, 두 분이 자주 만나 부처님의 진리를 강론한 자리이다.

산사의 아침, 주지 우화羽化 스님의 따뜻한 영접을 받았다. 암자의 유래와 의상대사와 원효대사의 얽힌 이야기 중 2010년 10월 현재, 천성암 인터넷 홈페이지에 오류가 있음을 인정하며 아래와 같이 설파하였다.

'의상대사는 당나라에 유학하여 지엄 화상에게 화엄학을 배우고 귀국하였으니 화엄의 초조初祖는 의상이다. 원효가 화엄신장의 옹호를 받았나는 설은 잘못된 것임을 역사의 고증으로 증명되었다.' 라고 하니 모든 기록은 신중해야 할 일이다.

창건 후, 원인 불명으로 암자가 소멸 되었다. 천성암을 양도하고 지금은 금강종을 창종한 구순이 넘은 성재性材스님(속명 林福錫)이 폐사지에 지금의 전각을 재건하였다. 그 당시 불사는 이웃 동리 남녀 신도의 흘린 땀과 정성의 산물이다. 비록 초라한 전각이지만, 인근에 불자들의 기도처로 정착되었다. 2009년 동짓날, 요사채 두 동은 화재로 타버렸으나 불상을 모신 전각은 온전하니 부처님의 가피가 있었으리라.

이곳은 아들을 바라는 기도처로 유명하다. 치성을 드린 후, 의상대사가 심었다는 천도복숭아를 먹으면, 아들을 잉태한다 하여 많은 아낙이 영험을 보았다고 한다. 나의 어머니도 예외는 아니었다. 아들이 귀한 집안에서 위로는 줄줄이 딸만 생산하였다. 시부모님의 따가운 눈초리에 서러움을 삼키면서 아들 낳기 기도에 들어갔다. 매월 보름날이면 정갈한 몸으로 땅거미 깔리는 한적한 길을 올랐다. 지게꾼이 겨우 다닐 길이기에 돌부리, 나무뿌리에 걸려 넘어진 일이 한두 번이 아니었단다. 늑대, 여우가 울어대는 무서움을 무릅쓰고 그 뜻을 이루었으니, 정성이 하늘에 닿았던 모양이다. 지금은 아들딸을 구분치 않으나, 뜻을 이루고자 찾아드는 발걸음은 끊이지 않는다.

천성암은 무엇보다 해맞이 장소로 제격이다. 해가 거듭될수록 찾는 사람이 늘어 교실만한 너럭바위에는 발 디딜 틈이 없다. 정월 초하루면 동해안의 도로는 북새통을 이루지만, 대구에서 그렇게 멀지 않아 알맞은 위치다. 우뚝 선 바위에 올라서면 앞마을 저수지엔 물안개가 피워 오르고, 탁 트인 동녘은 막힌 가슴까지 뻥 뚫린다. 말간 해가 구름을 헤집고 소녀의 앵두 같은 입술을 살며시 내미는가 했더니 연방 '날 일' 자, 때론 '가로 왈' 자로 일렁인다. 속세의 모든 티끌을 떨쳐내고 두둥실 제 모습을 보일 때, 국태민안國泰民安의 염원을 담은 주지 스님의 선창에 따라 우렁찬 만세 삼창이 고요한 산사를 뒤흔든다. 또한, 이곳에서 밤샌 보살님은 따뜻한 떡국으로 보시하니 얼어붙은 심신이 눈

녹듯 녹아든다. 머지않아 해돋이 명소로 각광을 받으리라.

더더욱 기막힌 것은 등산로다. 천성암의 산허리를 감고 돌면, 소나무와 잡목이 하늘을 가린다. 기기암으로 연결되는 오솔길, 수북이 쌓인 낙엽은 등산객의 발목을 부드럽게 쓰다듬고, 어디에 숨었는지 향긋한 송이 냄새는 코끝을 간지란다. 묘봉암을 왼쪽으로 두고 골짜기에서 타고 내리는 맑은 물은 단풍처럼 붉고, 끊어질 듯 이어지는 실핏줄 같은 벽계수는 도란도란 정겹다.

천성암, 어릴 적 초등학교 시절에는 소풍의 자리였고, 청소년 때는 칡덩굴을 거두었다. 이곳을 오르는 산등성에는 칡의 바다다. 소 양식을 장만코자 아버지를 뒤따르면, 작대기로 지게 목발 두드리며

"나물 먹고 물 마시고 팔을 베고 누웠어도…." 흥얼대던 풍류가 넘친 곳이다. 달짝지근한 칡뿌리를 이뿌리가 시리도록 씹었고, 칡가루론 주린 배를 채웠지만, 마음만은 넉넉했다. 청년기에는 이곳에서 청운의 꿈을 펼쳤고, 장년이 되어서는 펼쳐놓은 사업 위에 보살핌을 청하였다. 아마 이 세상을 하직할 때까지 이 길을 오르리라. 비록 불심은 약하지만, 어머니의 숨결이 머물렀던 곳이 아닌가. 평상 같은 바위에 앉노라면, 복잡하던 머리는 쇄락하고, 삼복의 구슬땀도 바람결에 날아가니 신선대가 바로

여기가 아니던가?

천성암을 오르는 길목, 부모님 수목장을 한 곳이다. 유언에 따라 어머니는 화장하고 아버지는 개장하였다. 오래된 아버지의 잿빛 유골과 뽀얗게 빛나는 어머니 뼛가루를 한곳에 고루 섞어 뿌렸다. 자연 바위가 둘레 석으로 처져 있고, 큰 소나무 아래 햇볕까지 가득하니 좌청룡 우백호가 여기에 비길까. 이곳을 오를 때마다. 당신들을 만나 뵐 수 있어 더 없는 기쁨이다.

지난 추석에도 아들과 함께 여기를 찾았다.

“내가 이 세상 하직할 때, 이곳에 뼛가루를 뿌려라.”

“아부지, 먼 나중에 저도 이곳을 택할랍니더.”라는 아들의 대답에 코끝이 찡해온다. 삼 대가 한 자리에 같이할 수 있다면, 행복한 일이 아닌가?

천삼백 년의 유구한 역사를 가진 천성암, 지난봄 너럭바위에 티베트의 달라이라마로부터 전해 받은 <금강 불사리탑>을 봉안하였다. 불자들은 무량 공덕을 지어 소원을 성취하고, 중생에게 자비를 한량없이 베푸는 부처님의 뜻이리라. 스님으로부터 의상대사의 수도 행적을 듣고 있노라니 더없이 작아지는 나를 발견한다.

"온 누리에 부처님의 가득한 자비를 알아 가는 곳, 억겁에 인연을 아름답게 맺어가겠다."라는 스님의 말씀에 경건한 마음이다. 이 자리에 새로이 복원 불사를 추진하고 있으니, 포교와 기도처로 명성이 이어지리라.

여명이 열리는 새벽, 대문 밖 북쪽으로 고개만 들면 천성암이 눈 속에 들어온다. 돋아나는 영롱한 불빛은 바로 나의 정수리에 꽂히고, 들릴 듯 말 듯, 아슴한 목탁소리가 여울 져 내린다. 청아한 그 소리에 혼탁한 내 영혼이 조금만 맑아져도 얼마나 좋을까.

불굴사의 아동제일약수我東第一藥水

상서로운 기운이 홍건히 고인 곳, 무학의 나래가 불굴사를 품고 있다. 경산시 와촌면 강학리 5번지에 위치한 신라시대의 고찰이다. 서기 690년 신문왕 10년, 원효대사가 창건하고 김유신 장군과 더불어 삼국 통일을 기원하며 수도했던 사찰이다.

불굴사가 거느린 산등성에는 꽃의 천지다. 연보라색 자두 꽃이 하르르 떨어지면 연분홍 복숭아가 꽃잎을 벙긋벙긋 연다. 옛날에는 이곳이 전체가 밤밭이었다. 이른 여름이면 하얀 밤꽃이 망울을 터뜨린다. 남성 특유의 향이다. 비릿한 냄새는 외로운 여인을 잠 못 들게 하였을 것이다. 단학丹學에는 세 가지 보물 중에 정精

이 들어 있으니 정이 강해지면 기가 세어진다 하였다. 자식을 보고자 수많은 아낙이 찾았던 기도처로 유명하다. 그 정精을 받으러 여인네들의 발걸음이 끊어질 날이 없었으리라. 팔공산 양지바른 곳에 우뚝 선 갓바위 약사여래가 남성적이라면 불굴사의 약사여래는 음의 기운을 품고 있다. 약사 신앙의 성지인 갓바위 부처님과 불굴사의 약사여래와 음양설은 기막힌 조화이다.

조선 중기 때까지만 해도 오십여 채의 전각과 열두 개의 암자를 거느렸다는 설이 전해 오지만, 증빙된 자료를 찾을 수가 없다. 가장 최근의 밝혀진 것으로 20세기 초에 백연아 보살님이 쓰러져가는 약사전에서 공덕을 드리며 이 절을 보전하였다. 입적하기 전, 외손자인 혜광 스님(속명 김천석)이 이 절을 넘겨받아 부처님의 가르침을 펴나갔다. 1984년 이웃 신도들의 도움을 받아 불사를 일으켜 올림픽이 열리던 해 본 당을 완공했다.

불굴사 오르는 길, 반세기 전만 해도 사람이 겨우 다닐 수 있는 지겟길이었다. 목장이 조성되고 과수원이 들어섰다. 주위에 번듯한 현대식 건물이 들어오고 제2의 약수터로 사랑받던 방앗골 골짜기는 모래 채취로 말미암아 허연 살을 내어놓은 처참한 꼴이다. 소달구지 덜거덕거렸던 신작로는 대구로 관통하는 도로가 시원하게 뚫렸고, 산허리를 자른 고속도로에는 차량의 행렬

이 매연을 뿜으며 내 닫고 있다. 사찰 경내에도 새로운 전각이 들어서면서 새로운 면모를 갖추었다.

한 세기를 지나오면서 불굴사의 경내도 많이 변하였다. 계단을 오르면 정면에는 진신사리를 모신 적멸보궁이 자리하고 왼쪽으로는 기도처다. 오른쪽을 감고 돌아 십 분 정도 오르면 교실만한 큰 바위를 머리에 인 홍주암이 나온다. 대사의 기도처였던 홍주암은 팔공산이 자랑하는 팔경 중 하나이다. 단단한 바위틈을 비집고 뿌리내린 천 년 먹은 몇 그루의 소나무가 파수꾼처럼 서 있다. 김유신은 소나무의 고고한 기개를 화랑정신에 접목하지 않았을까. 홍주암을 비켜서면 바로 능선이다. 훤히 뚫린 동녘 하늘 아래 신라의 도읍지인 경주다. 장군은 눈에 잡힐 듯한 그곳을 바라보며 국가의 안위와 삼국 통일의 염원을 키워나갔으리라.

불굴사의 자랑은 원효와 김유신이 마셨다는 아동제일약수我東第一藥水이다. 바위틈으로 졸졸 흐르는 물줄기는 수천 년이 흘러도 수맥을 끊지 않는다. 단단한 바위를 헤집고 토해내는 물은 마치 순진무구한 아가의 오줌 줄기 같다. 영겁의 세월에도 바위 속에서 약수를 뽑아내고 있어 신비롭기 그지없다. 사방을 둘러봐도 약수를 발원할만한 곳을 찾을 수가 없다. 아랫동네의 지하수 개발로 물길을 앗아 갔을 법도 한데. 아동제일의 이름에 걸맞게 위장병, 신장염에 효험이 있고 미용에도 좋아 많은 사람의 발길이 이어진다.

약수터를 비켜서면 바로 무학산의 능선이다. 마치 학이 나래를 활짝 편 형상이다. 고향 마을이 한눈에 들어오고 왼편으로는 환성사가 산허리에 엎드렸다. 낙타 허리를 타고 오르면 우뚝 선 감투봉이 위용을 자랑한다. 낙엽 쌓인 흙길이라 등산객의 사랑을 받고 있다. 푹신한 산길은 나그네의 피곤한 발목을 쓰다듬고 스님의 독경소리는 부패한 마음을 어루만진다. 소슬바람이 이는 가을이면 떨어진 솔잎을 뚫고 봉긋이 돋아나는 송이의 향은 코끝에서 향기롭다.

불굴사는 초등학교 시절 소풍의 자리였다. 특히 중등과정을 가르쳤던 시절 『물새 우는 언덕』을 꺾어 불렀던 그 소녀는 나와 같이 늙어간다. 밤 숲의 가랑잎을 뒤지면 토실토실한 알밤이 지천으로 깔렸었다. 귀를 쫑긋 세우고 눈을 반들거리는 다람쥐와 함께 알밤을 뒤졌다. 무학산의 바위는 결이 좋아 구들장으로 제격이었다. 아버지와 지게로 날라와 설치한 온돌방은 반세기를 훌쩍 뛰어넘었어도 구들방의 온기가 오롯이 남아 있다. 널브러진 잔 석의 흔적이 정겹다.

평소에는 하나님을 찾지만 불굴사를 즐겨 찾는다. 장좌불와의 성철 스님의 탐독서가 성경이라 했다. 신앙의 깊이가 얕아 오묘한 진리를 모르지만, 사랑과 자비의 꼭짓점은 비슷하지 않을까. 내려다보이는 곳이 고향마을이다. 박을 얹었던 초가는 사라지고 네온이 번쩍인다. 환락의 소리가 이곳까지 들려오는 듯하다. 문득 법화경에 화택火宅이란 말이 머리에 스친다. 중생은 자기 집에 불난 줄도 모르는 채 희희낙락하고 있으니……. 거듭 약수를 마셔본다. 때 묻은 마음이 조금이라도 청정해진다면 좋겠다.

배려

추분이 다가오니 삽상颯爽한 공기는 옷깃을 세우게 한다. 여름내 가뭄과 뜨거운 지열에도 생명력을 펼쳐내는 수세미는 아침마다 새로운 꽃잎을 연다. 피어난 꽃송이마다 열매를 빚어내고 있으니 큰 기쁨이다. 마당에 쳐진 차광막 끈에 매달려 흔들어대는 수세미가 마냥 호기롭다.

제비와 아침 인사를 나누고 배드민턴으로 아침운동을 한다. 우람한 수세미를 여느 때처럼 쓰다듬었다. 시합하기 전, 승리를 다짐하는 선수의 신념이랄까. 어제는 눈이 시리도록 파란 하늘 속으로 파란 셔틀콕이 여러 차례 숨어버렸다. 배드민턴은 신사

운동이다. 넓지 않은 공간만 있어도 즐길 수 있어 좋다. 격투기인 권투나 레슬링처럼 다칠 염려가 없다. 운동량도 적당하니 안성맞춤이다.

초등학교 후배와 몸 풀기가 시작된다. 소슬바람으로 돋아났던 소름이 밀려 나간 자리를 땀방울이 메운다. 짜르르 짜르르 지퍼를 여는 소리다. 주인공은 하늘을 담을 수 있을 만큼 큰 눈을 가진 홍일점 아줌마다.

“눈 내리는 소리가 여인네 옷 벗는 소리라면, 지퍼 여는 소리는 어떤 소리일까.” 어느 시인의 시구를 읊조리면 소녀처럼 얼굴을 붉힌다. 걸쭉한 농담에도 스스럼없이 받아들이니 편안하다.

랠리는 포물선을 그리며 천천히 이어진다. 점차 공의 속도가 빨라지고 몸의 움직임도 날래진다. 기본자세를 벗어나 전신운동으로 번져간다.

“스포츠도 예술이다. 세련된 폼은 한 폭의 그림이다.”라고 부추긴다. 기합 넣는 소리가 간간이 흘러나오고 공에 속도가 붙기 시작한다. 짧게 찌르고 때로는 송곳처럼 쑤셔 넣는다. 공격은 상대의 배꼽을 조준한다. 강약을 조절하며 드라이브를 걸고 날아오는 공의 괘도를 예측한다. 겨우 건져 올린 볼에 강한 스매싱을 날린다. 상대의 약한 곳을 노려가며 밀고 쑤시고 때린다. 거기서 오는 승리의 쾌감은 오장육부까지 시원하다.

가쁜 호흡과 상대방이 품어 내는 열기는 운동장을 달군다. 길고 지루한 난타가 계속 이어지면, 송골송골 돋아나던 땀샘이 완전히 열린다. 껍데기를 벗는다. 여인도 벗어던진다. 땀에 듬뿍 젖은 신비로운 여체가 셔츠 위로 오롯이 드러난다. 치라는 공은 보지 않고 엉뚱한 곳에 눈이 꽂히니 희한한 일 아닌가. 배드민턴도 짧은 치마 착용을 의무화할 모양이다. 테니스에서 비슷한 실력의 남녀가 성 대결을 벌이면 남자가 나가떨어진다. 도박판에서도 남자가 지는 확률이 높다. 제삿밥에 관심을 두었으니 지는 것은 뻔한 일이다.

'가는 말이 고와야 오는 말도 곱다.' 라는 것을 체험한다. 보내는 공이 순하면 돌아오는 볼도 보드랍다. 까다롭게 보내면 연방 보복으로 다가온다. 미국과 중국의 냉전을 하루아침에 바꾸어놓은 것이 핑퐁외교다. 받아치기 쉽도록 똑딱똑딱 넘기면서 형평과 조화의 원리를 바탕에 깔았으리라. 스포츠를 통하여 냉전을 화해로 이끌어 내듯 내가 먼저 문을 열 때 상대도 빗장을 풀지 않겠나.

동호인이 점차 불어났다. 온종일 논밭에서 일하는 이웃사촌이다. 몸이 굳어져 마음처럼 안 되어도 마냥 좋아한다.

“안면 몰수, 치료비 각자 부담이다.” 선전포고 후, 정신없이 치다 보면 숨이 차오른다. 가쁜 호흡을 알아채고 상대방이 완급을 조절한다. 배려가 따사롭다.

쳐올린 셔틀콕이 에메랄드 하늘 속으로 빠진들 어쩌랴. 빛바랜 조각달이 새털구름과 함께 유유히 흘러간다.

호국의 달에

세싱의 빛을 본 지 7개월째 되던 달.

상현의 달빛은 검은 구름의 틈을 헤집고 평화로운 우리 마을을 줄기차게 뿌려대고 있었다. 이백 호 정도로 시골치고는 큰 마을이다. 자연 부락단위 사랑방마다 가을걷이를 끝낸 청장년이 모였다. 지붕을 이을 새끼 꼬기, 가마니와 멍석을 짜기 위한 사전작업, 짚신 엮기 등이었다. 묻어 둔 무나 고구마를 으썩으썩 씹으면서 구수한 이야기는 농촌의 밤을 훈훈하게 데웠다.

해방을 맞기는 하였으나 지리산을 본부로, 좌익의 빨치산은 남쪽지방 요소요소에 아지트를 구축하고 있었다. 이 세력들이 남한체제를 무너뜨리려고 경상도와 전라도 일원에서 빈번한 약탈과 선동으로 양민을 괴롭히고 있었다.

우리 동네의 참혹한 사건의 발단은 팔공산 양시 골짜기에서 활동하던 좌익 세력의 근거지를 나무꾼이 발견한 것으로 비롯되었다. 공비들은 나무꾼에게

"갓나 새끼, 어디에 사느냐? 신고하면 모두 몰살시키겠다."라고 위협을 하였다. 겁에 질려 실제로는 동강리에 살면서 보복이 두려워 얼떨결에 박사리에 산다고 거짓 대답을 하였다. 신고를 받은 당국은 군경 합동으로 좌익 소탕 작전을 펼쳐 78명을 사살하고 7명을 생포하는 전과를 올렸다. 잔당의 완전 섬멸은 어려웠다. 언젠가는 그들의 보복이 있을 것이라는 소문으로 모두가 긴장하고 있었던 터였다. 아니나 다를까 그 무리는 청도 운문산에 있는 두둔 세력과 합세하여 우리 마을을 습격한 것이다.

문종이가 군데군데 뚫린 문구멍 사이로 호롱불이 흔들리고, 문밖에 수상한 그림자가 두세 겹 사랑방을 에워쌌다.

"반동 갓나 새끼들 꼼짝하면 죽인다. 중요한 연설을 할 것이니 모두 논 마당으로 나와랏!" 그 자리에 청장년을 모두 엎드려 뻗쳐 시키고

"반동 새끼들 신고의 대가가 어떤 것인지 보여 주겠다." 일갈

하면서 일차로 몽둥이로 갈기고, 2차로 칼과 죽창으로 옆구리를 찔렀다. 도망자가 있으면 장총으로 갈겨 대었다. 그날 하룻저녁에 38명이 사망하고 28명이 중경상을 입었으며 가옥 108채가 불에 타 없어졌다. 피비린내가 진동하고 도랑에는 핏물이 범벅되어 흘렀다. 부상자의 앓는 소리, 여보, 아버지, 형님 부르며 통곡하는 소리, 타타탁 초가집 불타는 소리, 소 돼지 우는소리, 이에 덩달아 개 짖는 소리, 닭이 홰치는 소리로 아비규환阿鼻叫喚이었다.

나의 당숙은 몽둥이로 맞고 죽창에 찔렸다. 피가 진신에 흥건히 젖어도 죽은 듯 엎드려 있었다고 하였다. 동리를 초토화한 공비들이 물러나고 정신을 수습하니 오른쪽 옆구리로 찌른 칼끝이 왼쪽 배로 관통하여 감싸 안은 왼손까지 상처를 입었다. 트럭에 실려 병원으로 후송 중에 먹은 자장면 가락이 옆구리로 나오더란다.

다른 부상자들은 어떠하였는가. 어떤 이는 뒷목에 칼을 맞은 채 도망을 쳐 목숨은 건졌으나 머리가 기운 채 한평생을 고생하였고, 어떤 이는 담을 넘어 도망치다 공비들이 휘두르는 칼에 오른 팔목을 잃어버렸다. 몽둥이세례로 전신을 깁스 한 그 속으로 이가 생겨 가려움의 고통도 참기 어려웠단다. 크고 작은 부상으로 죽을 때까지 고생한 분들의 고통은 이루 헤아릴 수 없다. 그 사건으로 30여 명은 청상靑孀이 되어 대부분이 수절하였다. 그녀들의 삶은 어떠하였는가. 인고의 긴 세월을 어린 자식들 바라보면서 바느질, 다듬이질, 길쌈에 매달려 한을 안으로 삭였으니 내장은 많이도 상했으리라.

불행 중 다행으로 아버지는 나 때문에 살았다고 하였다. 아버지도 그날 저녁 마을 사랑방에서 일찍 오셨다.

"이녁, 와 그래 일찍 왓심니껴." 어머니의 물음에

"얼라가 감기 기운이 있어 걱정스러워 왔다."

줄줄이 딸만 생산하시다 아들을 봤으니 어쭙잖은 고뿔에도 걱정이 많이 되었던 모양이다.

"너거 아부지, 니가 살렸다." 어머니의 말씀을 들을 때마다 기분이 좋았다.

우리 동리 청장년들은 애초부터 좌익 우익 같은 것은 몰랐다. 그저 선량한 촌부일 뿐이었다. 귀중한 생명을 이렇게도 참혹하게 살상할 수 있을까. 그러나 이 시대를 사는 우리들의 국가관은 어떠한가. 분단된 현실에서 인도적인 차원으로 많이 퍼 주었지만, 엉뚱한 곳에 쓰이고 있으니…. 이것을 들먹이면 구시대적 인물이라고 몰아세우면서 진보의 잣대로 갖다 대는 것은 곤란하다. 적어도 그 시대로 한번쯤은 거슬러 올라가 오늘을 조명해

보는 냉철함도 필요하다.

반공혼비에 새겨진 38명의 이름을 두 손으로 보듬는다. 상현의 비슴한 월광의 달그림자를 앞세우며 마을 어귀를 드는 처연한 내 마음이다. 비명에 간 38명의 고혼을 달래려 함이지 개구리의 합창은 흐느낌이다. 저녁 제祭 맞추어 울기 시작한 개구리는 별똥별이 포물선을 그리며 꽁지를 내리는 자정쯤이면 그 소리는 잦아든다 하였는데, 오늘은 왠지 축시丑時가 기울어도 와공蛙公들의 호곡은 끊임없이 이이지고 있었다.

이 호국의 달에.

만수 아재

만수 아재 뒤를 따르면 영락없이 먹을 것이 생긴다. 마음씨도 좋았지만, 우렁찬 목소리로 영어를 유창하게 구사하였다. 똘마니 몇 명은 늘 따라붙는다. 그가 행차하는 곳은 파제罷祭집이 아니면, 잔치집이나 초상집 등이다.

그 옛날, 꼬리에 흙먼지를 길게 단 버스는 하루에 한 차례만 다녔다. 시골치고는 큰 마을이었지만, 문화시설이라곤 보잘것없었다. 라디오는 한두 대가 고작이고 자전거는 공무원이나 마을에 유지를 빼고는 구경하기 어려웠다. 읍내에 드나드는 동장에게 얻어듣는 것이 소식의 전부였다. 동민들에게 뉴스를 알리는 일은 목청 좋은 노인네의 몫이었다. 마치 수탉이 홰를 친 후 목을 길게 뽑아 초성을 자랑하듯 구성진 목소리의 여운은 고샅에 너울거렸다.

"투표하러 나오소. 강걸 보 나오소. 밀가루 배급 타 가소. 부역 나오소!"

홍보 매체가 전혀 없었던 처지에 만수 아재의 정보망은 무엇이었을까. 굶주림에서 벗어나기 위하여 모든 세포가 본능적으로 움직였는가 보다. 후각이 뛰어난 세퍼드처럼 부잣집 부엌 싫숙한 곳의 냄새까지 맡아내었으니. 먹을거리를 찾아내는 귀신같은 재주는 신통하였다.

그는 편片 씨 성을 가졌다. 상당한 덩치에다 힘이 장사였다. 먼 친척뻘 되는 집에서 나뭇짐을 내다 팔아 생계를 도왔다. 순한 소처럼 묵묵히 일한 대가는 입에 풀칠하는 것으로 만족하였다. 6·25 사변 때, 돈 많은 사람 대신 보국대에 끌려갔다. 모종의 흥정이 이뤄졌을 모양이지만, 본인은 알 바 없었으리라. 미군부대에서 허드렛일을 도우며 얻은 것은 영어실력이었다. 헬로우로 시작하여 땡큐, 마지막엔 언제나 노갓뎀이었다. ABC도 몰랐던 때라 만수 아재의 능란한 회화 솜씨는 부러움의 대상이었다. 옥에 티라면 수캐 연장 자랑하듯 아무 데서나 바지춤을 내리고 오줌을 갈겨댔다. 또래들이 꼬챙이로 불알을 쑤셔도 왕방울만 한 눈만 치켜뜰 뿐 연방 히물거리는 마음씨 좋은 아재였다.

만수 아재가 힘을 쓸 때는 찾는 사람이 많았다. 품삯 따위는 관심 밖이다. 밥그릇만 높으면 히죽히죽 웃음을 흘리며 어떤 일도 마다치 않았다. 게걸스런 그의 식성은 무쇠도 녹일 듯 눈앞에 음식은 순식간에 사라진다. 사람이 매양 젊고 건강할 수 없지 않은가. 서서히 체력이 떨어져 문밖출입이 뜸하면서 찬밥 신세가 되어갔다. 효용 가치가 없으니 부르는 사람도 없었다. 먹는 것도 변변찮아 잔병이 잦아들면서 안방 지킴이가 되고 말았다.

마을 사람들이 모두 중매쟁이가 되었다. 오십 줄이 넘어서 맞이한 신부는 성도 이름도 없이 '고추 할매'라고 불리는 불쌍한 여인이었다. 저수지 아래 움막을 짓고 중고품을 수집하여 신접 살림을 차려 주었다. 늙고 병들은 사람에게 시집온 여인, 남편을 섬기는 모습은 정상적인 사람도 흉내 낼 수 없을 만큼 극진했다. 살면서 부부가 닮아 간다는 말처럼 남편을 어찌나 빼어 닮는지. 그녀의 행차하는 곳도 잔칫집이었고 제삿집이었다. 부부가 화목하려면 입맛까지도 닮으라는 것을 실천하려 함인가.

그녀는 동그스름한 얼굴에 쌍꺼풀눈을 가졌다. 입성은 땟국이 졸졸 흐르고 손등의 때는 시루떡처럼 덕지덕지 하였다. 머리는 눌난 씩어 발라 땀 냄새를 달고 다녔다. 동백기름을 바르고 날렵하게 쪽을 친 여염집 아낙을 흉내 냈을 모양이다. 우리 집 일도 많이 도와주었다. 매양 '고추 할매'라고 부를 수 없어 그럴듯한 작명作名으로 보답해야 할 터였다. 결단을 내렸다.

"꼬치 할매, 성은 알고 있제?"

"성도 모르까 봐 정鄭가다 왜." 톡 쏘아붙인다.

"아름다울 미, 향기 향, 향기가 풍기도록 미향美香이라고 부르면 어떻겠노." 나의 제안에 흐뭇한 웃음을 흘리며 고개를 주억인다. 주민등록표와 생활보장 대상자 명부에 이름을 얹었다. 전산으로 관리하는 요즘 같으면 공문서 위조로 목이 열 개라도 배겨날 수 없다. 가짜로 공부를 정리하였지만, 죄책감은 전혀 들지 않았다.

그들의 생활은 오로지 성실이었다. 말없이 일하며 주는 대로 먹고 입었으니 수분지족守分知足을 실천한 삶이다. 만수 아재의 죽음에는 마을 장으로 예우하였다. 우직한 일생, 팔 푼 인생의 마지막 길은 서럽지만은 않았다. 눈물을 찍어내던 꼬치 할매의 행적은 알 수가 없다. 복지시설 어느 곳에서 이름에 걸맞은 향기를 뿜고 있으면 좋으련만.

그들의 도움을 받았던 밭에 잡초와 전쟁을 벌였더니 온몸이 쑤신다.

'몇 년 후에는 자두와 복숭아 수입이 얼마나 될까!' 김칫국부터 마시는 나를 향해 만수 아재가 히죽이 웃는다.

보릿고개

앞산의 고산골, 오랜만에 만나는 반가운 보리밭이다. 청록색에서 누런 빛깔로 채색되어가니 망종이 가까워지나 보다. 까칠한 수염을 매단 이삭이 훈풍에 고개를 내어준다. 숱한 애환이 담긴 보리가 아니었던가.

보리를 생각하면 먼저 떠오르는 것이 보릿고개다. 양식이 떨어져 보리가 날 때까지 기다리는 고개다. 가을에 수확한 나락은 곳간을 채우지도 못한 채 장리 빚을 갚아야 하고, 남은 쌀은 장에 내다 팔아 자녀의 뒷바라지하기 바쁘다. 학비와 결혼 비용까지 충당하다 보니 창고는 연방 동이나 버린다. 텅 빈 쌀독은 어머니의 한숨으로 채워지고 얼굴이 누렇게 뜬 식구들의 뱃가죽은 등에 붙어버렸다. 이듬해 보리를 걷기까지 넘기 어려운 고갯길이다.

우리의 어머니는 절약하고자 쌀독에 눈금을 그었다. 당신들은 자식들 먹이기 위하여 허리끈 졸라맨다. 이른 봄이면 해쑥으로 버물떡을 만들고, 산나물에 보리쌀을 드문드문 띄운 갱죽을 끓인다. 밀기울과 보릿가루에 사카린을 넣어 반죽한 개떡도 달게 먹었다. 송기를 벗겨 먹고 삐삐를 빨아댔다. 진달래 흐드러지면 입술이 벌겋도록 꽃잎을 따 먹었다. 그 꽃은 먹고 또 먹어도 허기진 배를 채울 수 없다.

보리농사는 짓기가 힘이 든다. 거름을 내고, 이랑을 만들고, 고무래로 흙을 덮고, 김매고 타작하고. 까칠한 보리 털은 속살까지 후벼댄다. 널찍하게 깔아놓은 보릿단에 도리깨질할 때만큼은 신명이 오른다. 구슬 같은 땀은 고동색 피부 위에 번들거리며 온몸을 적신다. 중참으로 내어놓는 막걸리를 한 투발 들이켜면 속조차 시원하다. 사발에 수북이 담은 꽁보리밥, 반찬은 된장에 풋고추가 전부지만, 그 맛은 꿀맛이다.

먹는 문제를 해결한 지 오래되지 않았다. 식량의 자급자족을 위하여 지난 세대는 많은 땀을 흘렸다. 다수확 품종인 통일벼를 보급하여 생산량이 엄청나게 늘어났다. 쌀밥 한 그릇을 배불리 먹지 못했던 시절이 엊그제다. 막걸리도 쌀로 빚어진 지 오래다. 간편식 식품의 애용으로 쌀이 괄시를 받는 세상이 되었다. 쌀이 남아돌아 창고마다 넘쳐나서 보관이 어렵다니 금석지감이 든다.

옛날의 경험을 신세대에 얘기하면

"그때는 그때이고 지금은 지금이다." 시큰둥한 반응이다. 옛날의 잣내로 오늘을 새난하시 말라는 뜻이리라. 허리끈을 졸라매었던 그 세대를 얘기하면 딴전을 피운다. 군부 독재자의 철권통치 아래 자유를 구속한 산물이라 일축해 버린다. 세대 간의 틈새가 현저히 벌어짐은 유비쿼터스의 영향인가. 절대 가난에서 벗어난 그 시대의 중심부에 누가 있었는지 한번쯤은 생각해도 좋으련만.

다행히 건강식품인 보리밥집이 여기저기 생겨났다. 칠성 시장에 보리밥집을 자주 찾는다. 밥은 양푼에 그득하고 나물도 듬뿍 준다. 잘 익은 된장과 고추장을 섞은 비빔밥을 한입 가득 씹으면 마음마저 풍요롭다.

"양껏 먹어라." 구수한 숭늉에 구수한 인심이 덤으로 얹힌다. 각박한 삶 속에서도 훈훈한 정이 남아 있다.

배고프고 굶주릴 때 보리밥 한 그릇에 얼마나 목말라했던가. 지금은 어떠한가. 쌀농사마저 포기한 채 비워 둔 논으로 들판이 황량하다. 배가 불렀나 보다. 허기진 배로 보릿고개를 넘었던 그 시절을 생각한다.

수육

돼지수육이 생각난다는 사촌 형님의 말씀에 내가 먼저 군침이 돈다. 대구에서도 여러 국밥집을 들렀지만, 어릴 적 먹었던 그 맛을 찾을 수는 없었다. 추석 대목에 재래시장 하양 장을 찾았다.

산과 들판이었던 주위는 대학가와 아파트 단지로 변하여 몰라보게 달라졌다. 그러나 고향의 장터는 옛 모습을 그대로 간직하고 있다. 대형할인점이 시골 깊숙한 곳까지 파고들었다. 유통구조가 변하여도 시장통은 활기가 넘친다. 서민들의 생생한 삶의 현장이 오롯이 남아 있으니 반가울 따름이다.

돼지국밥 집은 초저녁인데도 손님으로 붐볐다. 젓가락을 세워도 넘어지지 않을 만큼 고기는 넉넉했다. 국물은 양껏 먹으라는 투박한 주인아줌마의 따사로움은 온실 같다. 투발보다 장맛이다.

어린 시절, 수육 한 그릇 얻어먹기 위하여 어머니를 많이 졸라댔다. 치맛자락을 붙잡고 이십 리나 되는 먼 길을 걸어 어렵사리 시장 구경을 할 수 있었다. 복잡한 틈새를 비집고 자리 잡은 허름한 돼지국밥 집, 지붕은 폐유로 칠갑한 마분지가 덮고 있었다. 군데군데 털을 단 비계 덩이가 헐렁한 국물 속을 헤엄치고 있었지만, 그 맛이란!

나의 국그릇에는 쌀밥이 말려 있고, 어머니의 국그릇에는 국수가 몇 가닥 널브러져 있었다.

"나는 배가 부르다."라며 고깃덩어리를 옮겨 놓는다. 주린 배는 치마의 말 끈으로 동여매었으리라.

'자기 논에 물 들어가는 것과 자식 입에 밥 들어가는 것이 가장 행복하다.' 라는 마음이 아니었을까. 먹을거리가 생기면 당연히 내 몫인 양 매사에 철없이 행동하였으니.

옛 친구들 하나 둘 떠나가고 환경은 바뀌어도 수육의 맛과 고향의 인심은 그 자리에 있었다. 반주로 마시는 젖빛 막걸리, 구수한 냄새를 피워 올리는 희뿌연 김 사이로 어머니의 영상이 겹쳐진다.

반딧불의 공

허름한 마을 회관에 희미한 호야 불이 흔들린다. 눅눅한 마룻바닥에 삼십여 명의 청소년이 엎드려 무엇을 열심히 쓰고 있다. 나이 대가 다양하고 구릿빛 얼굴이다. 열의에 찬 눈동자는 초롱초롱하다. 자그마한 체구의 한 청년이 흑판의 여백을 채워나가고 있다.

70년대 초 가정 형편으로 초등학교를 졸업 후 중학교 진학률은 낮았다. 부모님을 도와 낮에는 농사일, 나무하기, 소먹이기 등으로 집안일을 도왔다. 공부라고는 훈장에게 천자문, 동몽선습, 명심보감 등을 배우는 것이 전부였다. 친척 중 배경이라도 있는 아이들은 도시의 공장으로 취업을 나가기도 하지만, 취직문은 바늘구멍처럼 좁았다.

3공화국 시절, 국민의 의식 수준을 높이기 위하여 재건국민운동이 펼쳤다. 가정이 어려워 진학하지 못한 청소년에게 중학과정을 가르치는 재건중학교를 설립하였다. 공무원으로 있던 내가 책임을 져 그들과의 씨름을 시작하였다. 그 당시 행정업무는 모든 것이 수기手記인지라 업무량이 많았다. 새마을 사업과 영농업무로 새벽에 출근하여 퇴근하기 바쁘게 청소년을 지도하는 것이 쉬운 일은 아니었다. 몸은 지쳤지만, 까만 눈동자를 마주하면 피로가 눈 녹듯 풀리곤 했다.

농사철 피곤한 몸을 끌고 잠과의 전쟁하는 모습이 안쓰러웠다. 겨울이면 눈이 처마까지 닿고 고드름이 송곳처럼 매달린다. 깡 추위에 언 손을 호호 부는 애잔한 모습도 본다. 솜 방석 벙어리장갑으로 무장하여 배우려는 눈빛만은 빛났다. 그것을 바탕으로 검정고시를 거쳐 상급학교로 공무원으로 훌륭하게 성장하였으니 조그마한 노력이 헛되지는 않았나 보다. 또한, 학생 중 한 사람을 아내로 맞았으니 봉사의 대가치고는 과분한 편이다. 아내가 배울 때는 다소곳하였지만, 군사부일체君師父一體 라는 말을 잊었는지 도리어 군림하려 드니 고약한 일이다.

'반풍수 집구석 망친다.' 라는 말처럼 짧은 실력으로 어설픈 가르침이었다. 어려운 환경 속에 배움이라 더없이 소중하게 간직하고 싶단다. 살면서 고통스러울 때마다 그 시절을 생각하면 새 힘이 솟구친다 하니 반가운 일이다. 나 역시 독학으로 중등 과정을 마쳤다. 동병상련同病相憐의 체험을 했기에 남다른 애정으로 다가갔으리라.

해마다 스승의 날이면 나를 위해 자리를 마련한다. 까마득히 아래로 보였던 그들도 세월은 거스르지 못하는 듯 이마에는 잔주름이 잡혔다. 삶의 의지가 엿보이는 원숙한 모습에 뿌듯한 마음이다. 반딧불螢雪의 공, 고난을 토대로 새로움을 추구하는 그들에게서 나를 반추한다. 진정한 청출어람靑出於藍을 제자에게 배운다.

"선생 예, 지가 샘 짝사랑한 것 알고 있었심니꺼."

"너희 한둘이라야 아는 척 했제."

홍안의 선생과 사춘기의 학생들이 초로와 장년이 되어 모였다. 나를 위해 마련한 자리는 온실처럼 따뜻하다. 꿈 많던 그 시절을 회상하며 사제 간의 격의 없는 대화는 밤 깊은 줄 모르고 이어진다. 오월의 싱그러움마저 끼어든다.

예쁜 꽃다발과 멋진 와이셔츠를 선물로 받았다. 입은 귀에 걸린 채

"다음 해 스승의 날은 선물은 생략하라. 양복은 부담이 크니 무리하지 마라."라고 말해버렸다. 은근히 내년을 기다린다.

변신

사람이 한평생을 살면서 한 우물을 팔 수 있다는 것은 큰 행운이다. 지금까지 그것을 허용하는 직업으로는 공무원이나 공기업에 종사하는 사람들이 대표적이다.

1968년, 처음으로 대입 예비고사 제도가 생겼다. 웬만한 대학교에는 미달사태였고, 요즘 같이 인기 상한가를 치는 교육대학도 마찬가지였다. 공무원도 인기가 없었다. 봉급은 금융기관이나 일반기업체보다 차이가 컸다. 융통성이 없다 하여 젊은이에게는 매력이 없는 직종으로 분류되었다. 공무원에 입문하게 된 것도 실력의 한계였을 터다.

그 당시 공무원의 업무환경은 정말 열악하였다. 1960년대부터 시작한 경제개발 5개년 계획에 따라 공업입국을 표방한 산업화, 새마을 사업, 보릿고개를 넘고자 행정력은 총동원되었다. 낮에는 새마을 사업과 영농업무로 주민을 일깨웠고, 민원업무를 제외한 일반 행정업무는 야근을 통하여 이루어졌다. 모든 것을 수기로 해야 하기에 가운뎃손가락은 굳은살이 깊게 박혀있다. 해를 거듭할수록 아내는 남과 비교를 하면서 압박이 들어왔다. 국영기업체에 근무하는 친구의 보수와 삶의 수준까지 들먹이며 열등감을 부추겼다.

"평생 봉급쟁이 해 먹으면 늘 푼수가 안 없겠능교? 봉급이라도 많은 곳으로 옮기든지."라고 하면서 자존심을 살살 긁었다. 젊은 혈기에 울화가 치밀었다. 객기를 부렸다. 일을 해치울 수 있다는 것을 보여주고자 과감히 사표를 던졌다. 지금 생각하면 만용이다. 그냥 참고 오늘에 이르렀다면 매월 받는 연금으로서 노후가 보장되었을 터인데. 순간의 선택이 백 년을 좌우한다는 말이 이를 두고 일컬은 모양이다.

꼬박 10년을 근무한 퇴직금으로 방 한 칸, 부엌 하나 장만하니 아귀가 딱 맞았다. 부모님이 애지중지하던 논 다섯 마지기를 팔았다. 길쌈과 품팔이로 피땀 흘려 장만한 논이었다. 분신처럼 사랑하던 문전옥답門前沃畓을 팔았으니 가슴이 얼마나 아렸을까. 논밭을 넓혀주는 것이 효도가 아니던가. 앞날이 불투명한 장사 밑천으로 토지를 놓게 했으니. 부모님의 걱정은 무척이나 컸을 게다.

일확천금이라도 거둘 것 같이 덤볐지만, 사업을 시작한 지 일 년도 되지 않아 거래업체의 도산으로 자본금을 몽땅 날려 버렸다. 논 다섯 마지기면 소형 아파트 한 채 값이었다. 물건 값은 치러야 하고 받을 돈은 공중분해 되었다. 동굴같이 캄캄한 미로에 활로는 희미했다. 때로는 술에 의지하고 낚시로 전전하였다.

실망의 늪에서 희망의 끈을 잡을 수 있었던 결정적인 동기는 책이었다. 일본의 유명한 작가인 하나토코바코花登筐의 대하소설 『인간승리』가 그 책이다. 주인공은 어떠한 상황에도 좌절하지 아니하며 자기와 싸움에서 승리하였다. 거상으로 성장하여 번 돈은 사회에 돌린다는 내용이다.

'욕부호欲富乎 인치의忍恥矣(부자가 되려면 부끄러움을 참아라.)' 라는 순자의 말을 좌우명으로 삼았을 것이다. 이 책은 꺼져가는 의지에 새로운 불씨를 지펴주었다. 지금도 타성에 젖어들 때면 이 책장을 넘긴다.

영업계획을 다시 짰다. 판매 전략에 관련한 서적을 수시로 탐독하고, 영업의 방법과 대화의 기법, 고객을 대할 때 마케팅 하는 요령을 공부했다. 우선 고객에게 신뢰를 심으려면 진정성이 담긴 눈빛으로 한 번 말하고, 두 번 듣고, 세 번 맞장구 쳐주는 대화의 기법을 익혀 나갔다. 최고의 세일즈맨이 되기 위해서는 꾸준한 자기 성찰과 노력이 따라야 한다. 피라미드의 꼭짓점처럼 극미한 숫자만 살아남는 것이 현실이다. 이 대열에 끼려면 꾸준한 고객관리, 최신의 정보 제공은 물론이고 자신은 신뢰의 덩어리가 되어야 한다. 제품을 파는 것이 아니라 자신을 팔 때 평생고객이 될 수 있다는 확신을 가졌다.

이순耳順 이면 기우는 석양에 해당한다. 우리가 어릴 적에는 회갑 잔칫상을 받은 사람이 흔치 않았다. 당산나무 그늘에서 곰방대를 물고 장기나 바둑으로 한가로이 풍류를 즐길 나이다. 그러나 세상이 바뀌었으니 빠르게 대응함이 마땅하다. 머리에는 흰 서리가 분분하지만, 거래처의 젊은이를 상대로 활발히 뛰고 있다. 치열한 경쟁에도 물러서지 않는다. 인생은 70부터라고 한다. 새벽마다 근육을 점검하고 후배들과 체력 경쟁에 당당히 맞선다. 건강한 체력에 건전한 정신이 깃든다 하지 않았는가.

이제 한 우물을 파는 시대는 지났다. 무섭게 변해가는 세상에

능동적으로 변신해야 살아남는 길이다. 적극적인 사고가 신바람 나는 삶의 길임을 인식한다.

'나이는 숫자에 불과해.' 라고 되뇌며 느슨한 마음에 고삐를 당긴다.

제4부

한 울타리

약손 / 아버지 / 넘어지지만 마라
호미 / 쌀밥 한 그릇 / 섣달그믐 밤
어머니의 손맛 / 아내가 쓰는 수필 - 시집살이
아내가 쓰는 수필 - 모순 / 막걸리 / 기저귀
훗날 / 여우의 머리가 되다

약손

어린 시절, 배앓이가 무척 잦았다. 먹을거리는 무엇이든 가리지 않았다. 주린 배를 채워야 했으니 위생이란 말은 부잣집 아이들의 배부른 소리처럼 들렸다. 봄날이면 팔공산과 무학산에 흐드러진 진달래 꽃잎을 입술이 벌겋도록 따먹었다. 해순 돋은 송기의 달짝지근한 맛은 아직도 입속에 맴돈다.

배가 아파도 변변한 약이 없었다. 약재료는 묵을 만들고 남겨 놓은 도토리 가루, 밀가루에 파릇한 해쑥을 버무리면 멋진 조약이 되었다. 효험이 못 미치면 쌀을 담은 놋대접에 보자기를 씌우고 배를 문질렀다. 어머니의 약손이며 마지막 처방이다.

"내 손이 약손이다. 우리 아기 배 아픈 거 낳게 하소."라는 주술을 자장가 삼아 조물조물 어머니의 젖을 만지며 잠으로 빠져들곤 하였다. 의학적으로 무슨 근거가 있는지는 모르지만, 어머니의 종교적인 신념이 아니었을까. 선천적인 약골이었는지, 닭 요리나 딱딱한 것을 먹으면 무슨 의식을 치르는 듯 명치가 아파 어머니의 걱정이 끊일 날이 없었다.

몸살도 자주 앓았다. 그럴 때마다 어머니의 왼손에는 물을 담은 양재기가 들려 있고, 오른손에는 시퍼런 정지 칼이 쥐여 있었다. 마당에 쪼그려 앉혀놓고 이 귀신 저 귀신 모든 귀신 불러놓고 온갖 욕설을 퍼부으면서 날이 선 부엌칼을 대문으로 홱 던진다. 어머니 고운 입에 웬 욕인지…. 던지는 칼솜씨는 영화 속의 검객을 능가한다. 칼끝이 대문 밖으로 향한 것을 확인한 후, 그 자리에 열 십 자를 굵게 긋고 양재기의 물을 휙휙 뿌렸다. 놀란 객귀가 도망갔음인지 아픈 몸이 쉬 누그러졌다.

장가를 들면서 주치의 자리는 자연스레 아내에게 넘어갔다. 송곳으로 찌르듯 명치를 훑을 때면 아내는 바늘이나 핀, 눈에 띄는 뾰족한 것은 무엇이든 의료 기구였다. 머리카락에 쓱쓱 문지른다. 날을 세운 바늘 끝에 콧김으로 소독한다. 파상풍을 걱정하는 모양이다. 등을 몇 차례 툭툭 두드린 후, 무서운 흉물은 여지없이 손가락을 파고든다. 검붉은 피가 몽글몽글 솟구칠 때까지.

"많이 얹혔네. 조금 지나면 시원할 낌니더." 짐짓 호기로운 눈빛이다. 친정아버지 어깨너머 배운 침술로 무지막지 찔러대었으니. 어머니였더라면 살갑게 다루지 않았을까.

어슬어슬 한기가 들면서 살을 도려내는 듯한 아픔이 전신에 감겨왔다. 통증으로 말미암아 화롯가에 오징어처럼 온몸이 오그라들었다. 담도에 크고 작은 구슬 같은 결정체가 가득하였다. 이것이 오랫동안 통로를 막고 있었으니. 병명도 모른 채 돌팔이 아내에게 손가락 내맡기고 있었으니 웃기는 일 아닌가. 구슬을 투명한 유리병에 넣어두고 보석인양 자랑을 쳐댔다. 문병 온 친구에게 사리 운운하며 괴변을 늘어 놨으니 가관이다.

"입원사실 알리지 마라." 했거늘, 늙으신 부모님 근심에 찬 얼굴로 다가왔다. 마른 무같이 야윈 어머니 손이 수술한 배 위에 머물렀다. 혈색 잃은 자줏빛 입술을 달싹이는 기도가 간절하다. 떨어지는 눈물이 손등에서 뜨겁다. 어머니의 손길이 여태 머물렀다면 쓸개는 온전하지 않았을까.

당신의 외동아들 장가를 보내면서 주치의 자리를 며느리에 넘길 때 서운함이 컸으리라. 배가 아플 때마다 어머니의 손길이 그립다. 따뜻한 약손의 치료를 받고 싶다.

아버지

아버지는 백수를 누릴 줄 알았다. 밥을 알맞게 드시고 하루에 소주 한 병씩은 꼭 마셨다. 나무나 나락, 보리 짐을 질 때도 힘에 버겁게는 지지 않았다. 절제된 음주와 식사량, 생활 습관 등이 백세 이상은 무난히 살 수 있다고 굳게 믿었다.

아버지가 팔십팔 세 되던 유월 초, 희붐하게 날 샐 무렵 전화벨이 요란하게 울렸다. 아침 일찍 울리는 전화벨 소리는 나를 긴장하게 한다.

"빨리 나와 봐야겠다. 삼촌의 농약 사고다. 병원으로 모시고 가는 중이다."

사촌 형님의 다급한 목소리다. 순간 하늘이 노랗게 변했다. 나는 아버지를 모시고 살지 않았다. 이십여 년 전 대구로 이사 온 후로 아버지는 고향에서 어머니와 농사를 짓고 있었다. 직접 모시지 못함을 늘 아쉬워했다. 부모님을 위해 하는 일이라고는 아침저녁 전화로 문안 인사를 드리는 것이 고작이었다.

응급실에는 나보다 더 왜소한 아버지가 병상에 앉아 사시나무 떨 듯하였다. 얼굴은 창백하다 못해 백지장 같고 입술은 잿빛이었다. 병상 뒤로 가 아버지를 안았다. 어떻게나 떠는지 전율이 전이되어 나도 떨렸다.

'아, 이렇게 고통 속에서 떠나시는구나!' 아버지에 대한 자책들이 머릿속에 가득 채워지며, 지난날의 일들이 영사기의 필름처럼 돌아갔다.

이른 새벽, 부모님은 집에서 약간 떨어진 밭에 콩을 심으러 갈 모양이었다. 늦은 아침까지 일해야 하기에 어머니는 여느 때처럼 부엌에서 아침 겸 중참을 준비하시고 계셨다. 그 사이에 아버지는 마루에 놓아둔 농약병을 소주로 알고 병째로 마셨다. 일부는 식도로 넘어가고 일부는 독한 냄새로 뱉어냈다.

여든다섯이나 된 어머니는 이웃에 사는 집안 형님에게 허겁지

겁 연락했다.

'구부정한 허리에 빠르지 않은 총총걸음이 얼마나 답답했을까.' 그 상황을 상상하며 지금도 가슴이 아린다. 이웃들이 119에 신고하고, 비누 물을 마련해 마시도록 해 약간 토하게 했단다. 목숨은 억지로 구했으나 아버지의 기력은 눈에 띄게 쇠약해졌다. 후유증으로 손이 떨려 국물을 잡수실 때마다 옷섶을 적셨다. 소변도 시원하게 배설하지 못해 바지가 늘 축축했다. 좋다는 한약, 양약이 별로 도움이 되지 않았다.

사건 후 며칠이 지나자 건강보험공단에서 전화가 왔다. 단순한 농약 사고인지, 의도된 사고인지 확인하는 전화였다. 추궁 성이 담겨 있는 전화에 견딜 수 없는 부끄러움으로 꺾인 고개는 들 수가 없었다. 그 후유증으로 일 년을 채 넘기지 못하고 돌아가셨다. 단 하루도 아버지 병시중을 옳게 해 드리지 못했다. 아버지는 돌아가실 때까지 함께 생활하기를 거절했다. 자식을 고생시키지 않겠다는 어떤 종교 같은 신념이었을 터다. 아무리 자식을 향한 당신의 뜻일지라도 정한이 슬픔으로 차오른다.

나는 하늘이 내려주신 당신의 천수天壽를 지켜 드리지 못했다. 효도 한번 제대로 못 했다. 아버지 생각만 하면 무슨 큰 영화 누리려고 아옹다옹하며 살고 있는지 모른다. 자식의 정체성에

의구를 느낀다.

유월, 콩 심는 계절이 다시 다가왔다. 부모님이 콩을 심던 밭에 내년에는 복숭아와 자두를 심을 생각이다. 그곳을 드나들며 아버지의 숨결을 느끼고자 한다. 땀으로 진득한 당신의 체취도 흠뻑 마실 수 있을 테니까.

넘어지지만 마라

모교의 운동장이다. 노란 은행나무 잎사귀를 헤집고 솟아오른 선홍의 태양은 해 맑다. 단풍은 나무 위에부터 시나브로 내려앉는다. 비스듬한 가을빛에 투영된 이슬은 보석처럼 빛나고 있다.

오늘은 초등학교 동창회 체육대회가 열리는 날이다. 이날을 앞두고는 가슴이 설렌다. 까까머리 코흘리개, 천진난만하게 뛰어 놀았던 친구를 만날 수 있으니 기쁘다. 선·후배가 한데 어우러져 아슴푸레한 옛 추억을 되살릴 수 있어 좋다. 더더욱 기다려지는 것은 달리기다. 초로의 나이를 잊은 채 흰머리 휘날리며 선수로 나가니까.

초등학교 시절, 가을 운동회는 모두가 기다린다. 그러나 나는 반갑지 않았다. 달리기는 항상 꼴찌를 했으니까. 작은 체구에다 운동마저 소질이 없었다. 턱걸이 한번 못 올렸고 뜀틀 넘기가 겁이 났다. 연필과 공책을 상으로 받은 친구들은 부모님에게 자랑을 치지만, 나의 고개는 늘 꺾여 있었다. 상이라고는 전교생에게 골고루 나누어 주는 공책 한 권이 전부였다. 먼발치에서 안쓰러워하는 할아버지를 볼 면목이 없었다.

언젠가 한번은 꼴찌의 명분을 세우고자 얕은꾀를 부렸다. 일부러 넘어졌다. 열 살도 채 안 먹은 나의 행동은 지금 생각해도 맹랑하다.

“등수에 들지 않아도 좋으니 다치지나 마라.” 인자하신 할아버지의 말씀이 아직도 귀에 쟁쟁하다. 정강이에 흐르는 피를 짓이긴 쑥으로 지혈하며 안타까워하던 어머니의 모습도 선하다.

상급생으로 올라가니 운동 잘하는 선생님이 담임이 되었다.

“운동에는 타고난 소질도 중요하지만, 출발은 연습에 달렸다.” 라고 하였다.

‘꼴찌는 면해야지.’ 이를 악물었다. 친구들이 볼까 봐 부끄러워 집 마당을 연습장으로 삼았다.

준비 탕! 소리와 동시에 용수철처럼 튀어 나가는 출발 연습은 운동회가 열리는 날까지 반복했다. 노력이 적중했다. 총소리에 놀란 친구들보다는 몇 발자국 앞서 나갔다. 트랙의 안쪽을 꿰어 차면 비슷한 실력으로는 좀처럼 따라잡기 어렵다. 원체 느렸기에 골인 지점에서는 늘 4등이었다. 한번은 앞서 달리던 친구가 넘어져 그 덕에 3등을 했다. 이것이 초등학교 시절 가장 좋은 성적이었다.

'신체적 결함을 노력으로 극복해야지.'

사춘기에는 작은 덩치였기에 친구들로부터 어린애 취급을 받았다. 여자아이들이 노는 장소에는 끼지도 못했다. 약이 올라 시작한 것이 운동이다. 작은 키를 키우고자 철봉에 매달렸고 어깨와 가슴을 넓히려고 평행봉 위에서 많은 재주도 부렸다. 테니스와 배드민턴으로 순발력을 키워나갔다. 공무원 시절에는 방위병으로 축구팀을 만들어 원정 경기도 마다치 않았다. 단련된 순발력은 달리기에 큰 힘이 되었다.

드디어 마지막을 장식하는 경기는 400미터 이어달리기다. 만국기가 파란 하늘을 수놓은 교정, 이 경기만큼은 모든 동문이 운동장을 에워싼다. 회갑을 넘었으니 참가선수 중 가장 고참이다. 두근거리는 마음으로 출발선에 선다.

"혈압이 있어 과격한 운동은 조심해야 한다." 의사의 말은 아랑곳하지 않았다.

'차렷~ 탕! 소리 나기 무섭게 용수철처럼 튀어 나가야지.' 후배들이 놀란 사슴처럼 눈망울을 굴리고 있을 때 저만치 앞에서 질주하는 나를 확인할 수 있었다.

'노병은 절대 죽지 않는다.' 라는 것을 직접 보이면서 어깨에 은근히 힘을 넣었다.

환호의 물결이 교정에 가득하다.

"선배님 다리에 팔랑개비 달아 놨는교." 후배들의 아부성 칭찬은 싫지만은 않다. 항상 꼴찌에 맴돌았지만, 반세기가 지난 오늘은 쟁쟁한 후배들을 물리치고 선두로 치고 올랐다. 할아버지께서 생존하여 이 자리에 계셨더라면 얼마나 흐뭇해하실까. 회갑을 지난 손자가 만년 꼴찌의 굴레를 벗어났으니 무척 자랑스러웠을 텐데.

"할아버지, 앞으로는 거짓으로 넘어지는 일은 없을 낍니더." 지난 벌초 때 조부님의 산소는 오랜 풍상風霜으로 잔디가 듬성듬성하였다.

'내년 한식에는 새 옷 한 벌 입혀 드려야지.'

호미

박경리 선생님의 생가 주위는 누런 가을빛이다. 앞뜰에 모셔진 임의 좌상坐像에 옷깃을 여민다. 열기를 남겨둔 가을의 햇살이 선생과 함께한 문우들의 얼굴에 쏟아져 내린다. 선생의 왼쪽에 놓인 호미가 앙증맞다.

선생의 저서 『생명의 아픔』에서
"원주의 삶은 너무나 준열하여 노동이 없이는 자신이 분해되고 말 것."이라고 하였다. 진실에 도달할 수 없는 언어에 대한 몸부림, 그것이 문학이라 정의를 내리면서
"모든 것을 거부하고 포기한 극한적 고독의 산물이 토지였다."

라고 말하였다. 원고지와 씨름하는 시간을 제외하고는 호미와 벗하였으리라.

가지런히 놓인 호미는 반들반들 윤기가 흘렀다. 고개를 살짝 비틀어 놓은 듯한 맵시는 날렵하다. 선생은 이 호미로 흙을 쪼고 후비며 여생의 반려자로 삼았으리라. 송골송골 돋아나는 땀방울 속에 당신의 언어들을 구슬처럼 꿰매지 않았을까.

돌아가신 어머니도 호미를 놓을 날이 없었다. 바구니 안에는 생활필수품처럼 늘 담겨 있었다. 흙과는 떠날 날이 없었고, 언제나 반들거렸다. 선생이 땅을 쪼며 흘린 땀을 바탕으로 불후의 명작을 탄생시켰다면, 어머니의 땀은 자식들을 굶기지 않으려는 일념이었다.

지난여름, 호미 몇 자루를 사들였다. 사용할 때는 언제이고 그냥 팽개쳐 놓았더니 검붉은 녹이 연방 달라붙었다. 선생과 어머니의 호미질, 성격은 다르지만 절차탁마切磋琢磨한 그 깊이는 비슷하였을 것이다. 나의 호미질은 어떠한가.

쌀밥 한 그릇

오랜만에 내린 가을비는 대지를 촉촉이 적셨다. 가지에 매달린 몇 잎의 단풍이 가늘게 떤다. 배추는 소금 세례를 맞은 듯 생기가 없고, 호기롭게 뻗던 무도 푸리 팅팅해지면서 제 모습을 잃었다. 농부의 손이 미치지 않은 벼는 갈대 빛을 닮아간다.

옛날, 추수 때는 온 들판이 시끌시끌하다. 땀으로 얼룩진 촌부의 모습은 어디 가고 매연을 뿜어대는 농기계의 엔진 소리만 황량함을 더해준다. 이삭줍기 같은 낭만은 자취를 감춘 지 오래다.

초등학교 시절, 학교를 마치면 들판에서 참새를 쫓고 메뚜기를 잡는다. 다 지은 농사, 벼 한 톨이라도 지키고자 허름한 옷을 걸친 허수아비를 심심찮게 볼 수 있었다. 연결된 새끼줄로 그놈을 흔드는 것이 방과 후 일이었다. 비바람을 무릅쓰고 줄기차게 보초를 서고 있지만 영악한 참새는 도리어 그를 놀린다. 꽹과리나 양푼으로 두들겨도 잠시뿐, 연방 날아와 약을 올린다.

메뚜기도 예외는 아니다. 펄벅의 『대지』에 그려진 풍년의 터부처럼 행여나 그들이 습격하지 않을까 걱정한다. 풍년이 들었어도 그놈들이 들을까 봐 말조차 조심한다. 성서 구약에는 모세가 메뚜기의 재앙을 예언하였으니 무서운 곤충임은 분명하다. 벼가 누렇게 익을 때 메뚜기는 지천으로 뛰어논다. 암컷은 수컷을 등에 업고 폴폴 난다.

"누부야, 메뚜기 어불랑 붙은 모양이제?"라는 물음에 누나의 얼굴은 발그레 물이 든다. 사랑을 나누는 그들을 생포하여 주머니에 가뒀으니 많이 미워했을 거다. 벼에 폐해를 주지만, 반찬으론 일품이라 참새만큼 얄밉지는 않았다.

풍년이 들기보다는 흉년이 드는 횟수가 더 잦았다. 대부분 천수답이라, 오랜 가뭄으로 논바닥이 갈라지고 벼 잎이 타들면 농부의 속도 까맣게 탄다. 도열병에 걸리기라도 하면 이삭을 피우지도 못한 채 바싹 말라버린다.

'서직장읍불배黍稷長揖不拜 두태앙천대소豆太仰天大笑'(벼와 기장은 길게 읍하여 절하지 아니하고, 팥과 콩은 하늘을 향해 크게 웃고 있다) 라는 흉년의 아픔을 담은 해학성 상소가 빗발쳤다 하지 않았는가. 갈아엎은 벼 대신에 메밀꽃이 온 들판을 하얗게 수놓을 때, 농민의 탄식 소리는 끊일 날이 없었으리라.

먹을 양식은 항상 부족했다. 벼가 채 익기도 전에 찐 쌀로 밥을 해먹기 일쑤였다. 상당수 농가는 곡식을 꿔다 먹었다. 한 가마를 빌리면 다음 추수 때는 빈 가마니를 얹이시 돌려줘야 하고, 심지어는 곱절로 갚아야 했다. 이 같은 악순환으로 쌀독은 연방 빈다. 이듬해 봄, 보리가 날 때까지 허리끈을 졸라매어야 했으니. 비록 가난은 하였지만, 담장 너머로 먹을 것이 넘어간다. 중참을 나눠 먹는 훈훈한 풍습은 들판에 질펀하였다.

하얀 쌀밥, 듣기만 하여도 부러운 존재였다. 한 톨의 쌀을 생산하기 위해서 우리의 농부는 무더운 더위를 마다치 않았다. 떨어지는 땀방울로 적삼을 적시면서 수백 번 허리를 굽힌 정성의 결실이 한 톨의 쌀이다. 아버지와 나의 밥그릇에만 몇 톨의 쌀이 섞이고 어머니와 누나들 그릇에는 구경할 수 없었다. 보리밥도 배불리 못 먹은 누나 둘은 일찍 저세상으로 가버렸다. 내 몫을 후딱 해치우고 누나의 밥그릇을 넘보면 먹던 밥그릇을 슬며시 밀어놓지 않았던가. 지금도 먹을 것이 있으면 손부터 먼저 나간다.

'세 살 버릇 여든까지 간다.' 라는 말은 나를 두고 이르는 모양이다.

내 배만 채우려던 철없던 행동을 따뜻하게 감싸준 누나의 손길이 그립다. 김이 모락모락 오르는 쌀밥 한 그릇을 누나의 묘소 앞에 갖다 놓아야겠다.

섣달그믐 밤

'섣달그믐 밤에 잠을 자면 눈썹이 센다.' 라는 옛말이 있다. '수세守歲, 노력진금석努力盡今夕' 이라 하여 마지막 날까지 온 정성을 쏟으라는 뜻이다. 설날 새벽닭이 울 때까지는 눈을 붙이지 않고 지난해를 성찰하며 맑은 마음으로 새해를 맞아야 한다는 게 그 의미일 성싶다.

나의 유년 시절, 이날이면 아버지는 제사상에 올릴 밤을 치고, 어머니는 설날에 입을 옷가지를 손질했다. 누나는 십자수를 놓고 나는 구구단을 외는 것으로 밤을 지새우곤 하였다. 안방 윗목에 조상신, 아랫목에 삼신, 성조신과 대들보에 상량신, 부엌에는 조왕신, 외양간, 대문, 변소, 장독대 등을 관장하는 모든 신에게 일일이 불을 켜는 어머니의 정성은 지극하였다. 어린 나이었지만, 옷깃을 여미지 않을 수 없었다. 생사화복을 주관하는 신에게 치성을 드린 뒤 어머니는 어린 나를 데리고 학교 앞 호박구덩이로 향하였다.

"애야, 여기가 너를 팔았던 자리다. 너를 낳기 위하여 해마다 섣달그믐 밤이면 이곳에서 빌었던 장소이다. 기도를 드리고 너를 낳았으니 얼마나 영험한 자리냐. 너도 장가갈 때까지 여기에 불을 켜도록 하여라!"

기도의 장소라면 불상을 모신 신성한 사찰도 있을 터이고, 십자가가 걸린 거룩한 예배당이면 제격일 텐데…. 하필이면 도랑을 낀 언덕 아래 꽁꽁 얼어붙은 호박구덩이인지 이해가 되지 않았다. 삼신 할매가 서릿발이 선 차가운 구덩이까지 나들이를 했을 모양이다. 어머니는 신앙의 진정한 의미는 뒷전인 채 그저 빌었을 거다. 마음속에는 무엇인가 신념을 꽉 채우고서.

문종이로 가늘고 단단하게 말아서 심지를 만들었다. 찹쌀로 짓이겨 종지 바닥에 붙이고 들깨기름을 채워 불을 켠다. 웬만한 바람에도 꺼지지 않는다. 불은 설날 새벽녘까지 거뜬히 밝혀 준다. 기름 한 방울 남기지 않고 심지와 함께 태운다. 온 정성을 태운다. 세월이 한참 흐른 뒤에는 촛불이 그 자리를 지켰다. 심충心衷을 다한 종짓불은 함부로 손을 대지 못하였지만, 촛불은 예외였다. 한밤중이 지나면서 장난기가 발동한 처녀 총각들이 무리를 지어 초를 거둬들이기 바빴다.

선달 그믐밤, 그날은 마음 설렌다. 설날만큼은 조청을 듬뿍 찍은 가래떡과 음식이 넉넉하였으니까. 설을 며칠 앞두고는 깊은 잠을 이룰 수 없었다. 희붐한 새벽을 알리는 교회의 종소리와 먹이를 찾아 마을로 내려온 늑대 우는소리가 선잠을 깨운다. 살며시 일어나서 어머니가 정성 들여 만든 검정 물을 들인 무명베 옷과 검은 운동화를 몇 번씩이나 입어도 보고 신어도 봤다.

요즘 저녁운동은 옛날 호박구덩이에 추억이 서려 있는 그 길이다. 이곳을 지나칠 때마다 나를 위해 기도한 어머니가 생각난다. 어머니의 조건 없는 기도의 무게가 느껴진다. 핵가족화가 빠르게 진행되고 천륜의 의미도 흐려져 가는 세상이다. 우리 세대를 부모에게 효도하고, 자식에게는 버림받는 세대라고 말한다. 미리부터 겁을 먹고 노후 준비로 분산하니 올곧은 부모 된 모습일까.

언덕 아래 호박구덩이와 거북처럼 엎드렸던 바위, 그 정경이 그립다. 그곳은 잘 정비된 시멘트 수로로 변하였고 큰 바위는 경지정리로 모습을 감추었다. 이삼십 명 친구가 떼를 지어 유행가를 불러 젖히며 거닐었던 오솔길은 흔적 없이 사라졌다. 급속한 변화로 건포도처럼 까칠해지는 심성을 어떻게 다스릴까.

운명을 주관하는 북두의 자미성과 천성암의 불빛이 먹물 같은 어둠을 밀어내고 있다. 갓바위로 오르는 숲 속 길, 점점이 길게 꼬리를 드리운 빛은 포효하는 호랑이 모습이다. 한해를 마감하는 그믐 밤, 뜬눈으로 백호 해를 맞고 싶다. 머리엔 흰 눈이 얹혔지만, 눈썹마저 세게 할 수는 없지 않겠나.

어머니의 손맛

"어머니, 오늘 시골 넘어갈 일이 있습니다."

"알았다. 한판 밀어 놓을게." 나의 뜻과 수직으로 소통한다. 캄캄한 자궁 속에서 어머니 영혼의 속삭임과 맥박의 소리를 들으면서 태동하였고, 초등학교 입학할 때까지 어머니 젖을 주무르며 자랐으니 이 정도 교감쯤이야.

국수를 무척 좋아한다. 하루에 세 끼를 먹어도 싫증이 나지 않는다. 시골집에서 묵는 날에는 아침상에도 으레 국수가 올라온다. 홍두깨로 얇게 밀어 칼질하는 어머니의 손놀림은 하나의 예술이다. 한석봉 어머니의 정교한 떡 써는 솜씨도 여기에는 미칠 수 없으리라. 애호박과 감자를 숭숭 썰어 넣은 담백한 국물 맛은 일품이다. 쫄깃쫄깃하여 여간해서는 가락이 끊어지지 않아 식도를 타고 술술 넘어간다. 그 감촉은 희열 덩어리다.

잊을 수 없는 또 하나는 국수 꼬리 맛이다. 메케한 짚불이라야 명품을 구워낼 수 있다. 표면에 거품이 생기면서 뻥튀기처럼 부풀어 오른 고소한 맛은 아직도 입속에 맴돈다. 여러 남매가 둘러앉아 나눠 먹던 정다운 정경은 아직도 눈에 선하다. 부지깽이에 끼워 먹다 타다 남은 잔불로 입안이 데어 고생한 일은 아름다운 추억이다.

모든 것이 부족하였던 그 시절, 밀기울에 사카린을 넣은 개떡 먹기는 일쑤였다. 국수의 원료인 가루는 고급에 속하였다. 밀가루를 아끼려고 배춧잎이며 감자, 호박은 국숫발보다 많았고, 헐렁한 국물만으로 배를 채우는 것이 보통이다. 줄줄이 딸린 자식들, 이것마저 배불리 먹이지 못한 어머니의 안타까움은 오죽했을까. 비싼 소금 대신 당신의 눈물로 간을 맞추었을 성싶다. 뿜어낸 한숨도 솥 안에 가득 찼으리라.

하루는 아내에게,

"당신은 내가 좋아하는 국수는 왜 한 번도 안 해 주노. 마음만 먹으면 어머니 못지않을 것 같은데.” 비위를 살살 긁었지만, 국수 만들 생각은 통 없어 보였다. 어머니의 맛을 도저히 따라잡을 수 없을 거라고 지레 겁먹었음이 틀림없다.

‘목마른 사람이 우물을 판다.’ 라는 속담처럼 국수는 먹어야 하겠기에,

“당신도 충분히 해낼 수 있어. 그러나 국수만큼은 세상 누구도 우리 어머니를 따라올 수 없을 거야.” 나의 양면 작전에 걸려들었는지, 아니면 시기심이 세포를 건드렸던 모양이다.

퇴근 시간 될 즈음에 전화가 걸려왔다.

“당신, 오늘 저녁에 한 번 기대해 보이소.”

약발을 받아 국수를 밀긴 밀었지만 도통 아니다. 동그란 모양이어야 제격인데 이것은 들쭉날쭉, 뒤죽박죽이다. 표면은 울퉁불퉁 고르지 못하고 면은 두껍기 그지없다. 미끄럼타기로 위장까지 보내어질까 그것이 문제다.

“아주 맛있어. 조금만 더 갈고 닦으면 어머니 솜씨 뺨치겠어.” 입에 발린 소리에 아내의 입은 귀에까지 걸렸다 내렸다 한다. 칭찬의 위력이 이렇게 클 줄이야. 아내는 나의 말이 진실인지 아닌지 짐짓 모르는 채, 자기도 더 잘할 수 있다는 자만심에 도취하니 가관이다.

'언젠가는 어머니의 솜씨를 흉내 정도는 낼 수 있겠지. 국수도 먹고 어머니의 손맛도 느낄 수 있을 테니까.' 속이 훤히 보이는 낯간지러운 칭찬이지만 국수를 먹을 수 있으니 다행이다.

어머니의 손맛을 느끼고자 국수 동네로 유명한 달성군 동곡리를 가끔 찾는다. 거기에는 생전에 어머니 솜씨와 가장 비슷한 국수가 있다. 반죽에서부터 밀고 써는 노파의 맵시에서 어머니를 발견한다. 허름한 식당과 낡은 탁자는 옛날의 우리 집을 연상케 한다. 막걸리 한 투발에 암뽕을 곁들인 메뉴는 찰떡궁합이다. 이 맛도 어머니 솜씨를 따를 수 없다. 가족을 위해 원력으로 만든 국수와 세속적인 국수는 견줄 바가 못 된다.

국수를 앞에 둘 때마다 자식들을 배불리 먹이지 못한 어머니의 슬픔을 기억한다. 국물을 마시면서 당신의 눈물을 마신다. 오늘따라 어머니의 손맛이 이렇게도 사무칠 줄이야. 인생의 맛도 당신의 손맛처럼 낼 수 있다면 얼마나 좋을까.

아내가 쓰는 수필

시집살이

90CC 오토바이 뒤에 매달려서 신행을 갔다. 시가와는 먼 거리가 아닌지라 택시 전세를 내려니 요금이 아까웠다.

무지개꿈을 피워 올리던 소녀 시절, 지금의 남편은 공무원 신분으로 야간학교를 개설하여 중등 과정을 가르치고 있었다. 배움에 목말라 있었던 터다. 그때부터 좋은 인연인지 악연인지 우리의 관계는 시작되었다. 잠자리 날개가 바위를 스쳐도 인연이라 하지 않았는가. 사제관계, 어이 보통 인연이랴! 수업시간에 은근한 시선이 자주 꽂히고, 졸업식 때는 공부 잘하는 친구를 제쳐놓고 송사까지 맡겼으니까.

가을이 무르익어가는 어느 날, 해인사 단풍구경을 가잔다. 1박 2일 코스란다. 다 큰 처녀에게 가당찮은 제안으로 자존심도 상했지만, 야릇한 설렘으로 심장은 가늘게 뛰었다. 체구는 작고 볼품은 없었으나 그 정도면 신랑감으로 별로 나무랄 데 없다는 평이 있었던 터다. 따라나서는 간 큰 행동을 저지르고 말았다.

해인사, 서녘 하늘에 걸린 낙조의 신비로움과 주황빛 단풍은 가야산을 불태우고 있었다. 계곡은 온통 선홍이다. 그리하여 홍류계곡이라 하였던가. 고즈넉한 산사山舍에서 추억을 만들며 고운 밤 엮기를 바랐다. 사단은 저녁을 먹으면서 벌어졌다. 한잔 곁들이자는 제안에 불감청고소원不敢請固所願인 모양이었다. 생전 처음 마시는 소주를 주거니 받거니 정신이 몽롱해졌다. 누리끼리한 위액 한 방울 남기지 않고 밤새도록 토하고 쌌다. 새벽녘까지 뒷바라지하는 모습이 차마 안쓰러워 그이의 목에 팔을 감아버렸다. 그것이 마른 장작에 불을 댕긴 꼴이 되었으니….

'죽어도 그 집 귀신 되어야지.'

밀양박씨, 왕손의 후예라며 얼마나 뻐기는지. 김수로왕은 아예 게임이 안 된단다. 결혼 초 그이는 술과 담배는 입에 대지 않았다. 짧고 굵게 살자며 장삿길에 접어들더니 술은 말술로 변하였고, 걸핏하면 사업을 핑계로 열두 시 넘기기가 일쑤였다. 시댁에서 종일토록 농사일을 거들다가 돌아오는 길은 버스를 세 번이나 갈아타야만 하였다. 뱃속에 아이는 발길질을 해대고, 둘째는 등에서 칭얼대고 머리에는 쌀자루가 얹혔다. 서부경찰서에서 평리동 오르막길은 왜 그렇게도 먼지. 배는 터질 듯, 팔은 빠질 듯, 목뼈는 내려앉을 것만 같았다. 잘난 신랑은 테니스장에서 희희낙락하고 있었으니.

어디 그뿐이랴! 남편의 포니 승용차가 내가 탄 버스 옆으로 미끄러져 들어왔다. 집의 방향이 아닌 다른 차선에 정치히는 것이 아닌가. 고개를 빼어 내다보니 아뿔싸! 못 볼 것을 보고 말았다.

"같이 탄 사람이 아가씬지 아줌만지 누구냐." 나의 추궁에 거래처 손님이라고 천연덕스럽게 잡아떼는 것까지는 이해할 수 있었다.

"처자식 먹여 살리려 죽을 고생 다하는 데 무슨 개떡 같은 바가지냐." 역공으로 나오는 것이 아닌가.

"더는 못살겠다. 도장 찍고 정리하자."

"내가 바랐던 바다. 내일 당장 도장 찍자." 도리어 큰소리다.

'이번만큼은 흔들리지 않으리라.' 하얗게 밤을 지새우며 결심의 끈을 탱탱하게 조였다.

'내일은 기필코 끝내리라. 목도장을 대못 박듯 박으리라.'

"남들 보기 우세스럽고 민원이 밀리기 전에 빨리 가서 해결하자."라며 호기롭게 차를 운전하는 남편의 결연한 모습에 덜컥 겁이 났다.

'진심은 아니겠지 남자로서 자존심도 있고 객기 한번 부려보는 정도겠지.' 자위하며 따라나섰다. 긴장감에 토닥토닥 참새가슴으로 변해갔다. 법원 앞에 당도하니 철 대문은 굳게 잠겨 있었다. 공휴일이었다.

"비록 능력은 없고 못났지만, 조강지처糟糠之妻 정도는 무엇인지 알고 있다. 당신도 불경이부不更二夫정도는 알고 있제? 나온 김에 팔공산이나 한 바퀴 돌자." 그이의 손이 내 손 위에 살포시 포개질 때,

"맘대로 해뿌소." 내뱉고는 언 가슴을 쓸어내렸다.

35주년 결혼기념을 삼겹살을 안주 삼아 시골집에서 자축했다. 마주 앉은 그이의 얼굴도 삶의 질곡으로 많이 상했다. 아직도 처자식 위하여 고생한다는 가부장적인 태도는 고칠 수 없다. 못 이긴 채 눈감아 주는 것이 속 편하다.

아내가 쓰는 수필

모순

시집온 지 얼마 지나지 않아 꽃물이 비치지 않았다.

'아들이 귀한 집안이라 며느리 구실은 제대로 할는지 걱정했던 터다. 칠거지악七去之惡의 사슬에서는 벗어났구나.'라는 생각에 우선 마음부터 놓였다.

"순산하려면 많이 움직여야 한다." 하면서 큰 일꾼 부리듯 하였다. 이른 봄 보리밭 이랑에서 잡초와의 전쟁을 시작으로 농사일은 시작되었다. 자두와 복숭아가 꽃망울을 열기 바쁘게 인공수정, 열매 솎아내기, 봉지 싸기로 쉴 틈이 없었다. 뙤약볕 아래 보리타작이 채 끝나기도 전에 모내기다. 장다리까지 차오른 무논에서 진종일 모심기는 고역이다. 허리는 부러질 것 같고, 손과 발은 퉁퉁 부어올랐다. 힘든 농사일은 가을 추수 때까지 이어진다. 이 정도 노동이면 순산할 수 있겠지.

초승달 같이 밀려 나오던 배가 바가지를 엎은 것처럼 불러왔다. 딸이 흔했던 집안인지라

'고추를 달고 나오면 얼마나 좋을까.'

다섯 달이 지나니 아기가 놀기 시작했다. 오른쪽에만 치우쳐 아들 낳기는 글렀다는 이웃 아줌마들의 진단이다. 실망이 컸으나 아들이기를 포기하지 않았다. 태아가 살살 틀며 산기를 느꼈을 때 마을에 사는 무허가 의원을 산파로 모셨다. 의사의 잘못된 판단으로 자궁의 수축력을 높인다는 촉진제 주사가 탈을 내고 말았다.

골반은 넓어지지 않았는데 아기는 틀어 재끼니 배는 째질 듯 아팠다. 이빨 사이에 헝겊 조각을 물었다. 의사도 땀을 뻘뻘 흘리며 안절부절못하였다. 더럭 겁이 났던지

"큰 병원으로 가야겠다."라고 했을 때 하늘이 노랬다. 제왕절개를 하니 딸이었다. 하늘이 두 번 노래졌다. 병원을 찾아온 시부모님의 얼굴도 노란색에 가까웠다.

"첫딸은 옛날부터 일가一可라 하지 않았느냐. 살림 밑천이다." 위

로는 하였지만, 나의 고개는 마치 중죄인처럼 구십 도로 꺾이었다.

다시는 이 같은 서러움을 되씹지 않으려고 아들 낳기 위한 작전에 들어갔다. 남편이 술에 취해 오는 날은 근처에 얼씬거리지도 못하게 했다. 합궁의 시간대도 기가 세지는 새벽녘을 택하였다. 첫째를 가졌을 때는 조개 꿈이나 치마폭으로 달빛을 가득 안은 태몽을 꾸었지만, 이번에는 큰 구렁이가 꿈속에 나타났다. 남편의 꿈에도 몇 자 넘는 잉어나 씨알이 굵은 붕어가 낚시에 자주 물렸다니 아들일 것이라고 굳게 믿었다.

지난번의 전철을 밟아서는 안 되겠기에 하양에 있는 산부인과를 골랐다. 시간이 지났지만, 아기가 나올 생각을 하지 않았다. 좁은 통로에 사 킬로그램이 넘었으니. 전기의 힘을 빌려 진공흡입 분만을 유도 중에 갑자기 정전이 되어버렸다. 조그마한 병원이라 대체 에너지는 당연히 없다. 전기가 들어올 때까지 무작정 기다려야 했다. 보호자를 부르는 의사의 다급한 소리, 남편이 산실에 들어오는 소리….

"태아의 머리가 동굴에 끼인 것처럼 옴짝달싹 못하더라." 남편의 뒷날 이야기다. 갖은 고생 끝에 터널을 빠져나왔지만, 이걸 어쩔거나 또 딸이었다. 오랫동안 꽉 쪼여 갈록해진 머리는 마치 기형아 모습이었다. 둘째 딸은 혹시나 해서 이 혹二或이라 하였던가. 시부모님은 아예 병원에 오지도 않았다. 다만, 자연분만을 할 수 있다는 자신감에 위로가 되었다.

삼신할머니의 복은 타고났는지 토끼처럼 아기는 잘도 들어섰다. 셋째는 될 대로 되라는 식이었다. 굳이 지난번과 달랐다면 딸아이의 발길질은 권투선수가 잽을 날리듯 자잘하게 끊어 찼지만, 이번에는 달랐다. 쭉쭉 뻗는가 하면 롱훅으로 마구 휘둘러댔다. 대구에서 유명한 산부인과를 미리 정하였다. 자연분만은 어렵단다. 더럭 겁이 났다.

'수술은 두 번 이상은 못한다는데…. 만약 이번에도 딸이면 남편은 후사後嗣를 보려고 딴마음을 먹지나 않을까.' 모든 것을 하나님께 맡기고 수술대에 몸을 실었다.

마취 상태에서 "아들입니다."라는 아슴푸레한 간호사의 말을 듣고 모든 시름을 내려놓았다. 땀과 눈물이 범벅되어 볼을 타고 내렸다. 그동안 남모르는 가슴앓이와 서러움을 한 방에 날려 보낼 수 있었다. 나중에 남편의 실토로 안 사실이었지만, 수술 직전

"가족계획은 어떻게 할까요. 끌어 매까예." 내미는 병원 측의 서약서에 선뜻 도장을 못 찍겠더란다. 나의 몸뚱이는 안중에도 없었던 모양이다. 아들임을 확인한 후 동의를 했다니 나의 정체성이 무엇인지 섭섭하기 그지없었다. 그러나 해냈다는 뿌듯함에

야속한 마음은 스르르 녹아내렸다. 아들 소식에 시부모님은 새벽같이 달려오셨다.

"그동안 고생 많았다. 우야든동 몸조리 잘 하거라. 지금까지 서운한 것 다 잊어뿌라." 꼬깃꼬깃 쌈짓돈을 내 손에 얹어주었다. 고추의 위력이 그만큼 클 줄이야.

요즘에는 딸 둘에 아들 하나가 가장 이상적인 구도라 한다. 나의 업적을 은근슬쩍 과시하면 남편은 거꾸로 치고 나온다.

"딸 아들 결정구는 남자의 솜씨에 달렸다." 늘어놓는 궤변에 실소를 터뜨린다. 대를 잇는 문제와 아들에게 제사상을 받겠다는 생각은 옛이야기가 되지 않았는가. 얼마 전까지만 해도 태아가 여아女兒이면 중절을 많이 했다. 그 시절, 성별을 미리 판별하는 기술이 있었다면, 내가 낳은 두 딸의 운명은 어떻게 되었을까. 아찔한 일이다. 남녀 성비의 불균형으로 심각한 사회 문제로 불거지지 않을까 걱정을 했던 터다. 딸 아들 구별 않는 신세대의 가치관에 박수를 보내고 싶다.

'자식에겐 나 같은 전철을 밟지 않게 하여야지.'

얼마 전 며느리를 보았다. '하루빨리 떡두꺼비 같은 아들을 안겨 주겠지.' 라는 희망이 똬리처럼 틀고 있으니 모순의 극치가 아닌가.

막걸리

실 같은 비가 촉촉이 대지를 적시면 오 마지않은 이가 일도 없이 기다려진다. 이런 날이면, 술친구 있어 연락이나 오지 않을까 봐 전화통에 눈길이 자주 간다. 파전이나 돼지비계를 듬성듬성 넣은 찌개를 안주 삼은 텁텁한 막걸리 생각만 해도 군침이 돈다.

워낙 술과 친한지라 퇴근 시간, 배가 촐촐해지면 막걸리 한 잔이 눈에 선하다. 여느 때 같으면 친구든 선·후배든 뜻이 통하는 사람들과 자주 술판을 벌였다. 허기진 배에 한 잔을 털어 넣으면 꿀꺽꿀꺽 식도를 타고 내려가는 소리조차 상쾌하다. 막상 30년 동안 대구생활을 정리하고 시골에 정착하고는 술 마실 기회가 줄어들었다. 퇴근길, 팔공산을 넘는 고갯마루에서 수시로 행해지는 음주단속 때문이다.

10여 년 전, 쓸개를 떼어내는 수술에 앞서

"술과 담배를 끊어야 한다." 의사의 주의를 들었을 때 정말 난감했다.

"담배는 바로 끊겠습니다만, 술 끊으라는 말은 거두어 주십시오." 희한한 부딕에

"꼭 그렇다면, 알맞게 먹어라."라는 처방이 얼마나 고마웠는지 몰랐다. 애주가치고 '알맞게'가 그렇게 쉬운가. 폭주로 말미암아 필름이 끊긴 일도 한두 번이 아니었고, 아침에 일어나 차를 어디에 둔지 몰라 헤맨 일도 여러 번 있었다. 그러나 아직도 정신을 차리지 못하고 주는 대로 넙죽넙죽 받으니 잔디를 덮을 때까지 술과는 동무 할 모양이다.

요즘은 이런저런 까닭으로 막걸리를 즐겨 마신다. 동동주를 먼저 빚어내고, 그 다음이 탁주다. 여기에 적당하게 물을 섞은 것이 막걸리다. 등급처럼 값이 저렴하니 누구나 쉽게 다가갈 수 있고 서민의 술이기에 친근감이 더하다. 젖산균이 넘쳐나 소화에 좋고, 여러 가지 영양분이 들어 있어 선조가 만들어준 영약

이라 하니 사랑함이 마땅치 않겠는가. 막걸리는 민초들과 연결 지으며 괄시를 받아온 게 사실이었다. 그러나 최근 들어 관공서나 높은 사람들 모임에서 건배주로 삼고 있으니 반가운 일이다. 국민주로 제대로 대접을 받을 모양이다.

옛날에는 밀주密酒라 하여 마음 놓고 담가 먹지 못하도록 나라에서 막았다. 깊은 땅속이나 짚동 속에 숨겨놓고 한두 잔씩 몰래 마셨다. 오뉴월 보리타작으로 콩죽 같은 땀이 손등과 발등을 적실 때 막걸리가 씻어주었다. 뙤약볕 들판에서 중참 시간에 들이켜는 막걸리는 폐부까지 시원케 하였다. 이 술은 단순한 술이 아니라 곧 음식이었으며, 피곤함에 지친 농부들의 버팀목이었다. 소위 술 힘으로 일한다 하지 않았는가. 막걸리의 애환은 어린아이들에게도 따라다녔다. 술지게미로 주린 배를 채우고 등교할 때도 잦았다. 교실에는 술 냄새가 풍겼고 취해서 건들건들했던 적도 더러는 있었지만 선생님의 매는 가벼웠다.

잔칫집이나 회갑, 초상집에는 막걸리로 부조하였다. 단술 한 단지, 묵이나 두부 한 판씩 돕는 것이 그 시절 도움의 문화였다. 얼마나 아름다운 풍속이었던가. 요즘처럼 혼주와 눈도장 찍기 바쁘게 봉투로 때우는 것과는 가치가 달랐다. 막걸리 한 단지를 지게에 얹어 잔칫집 삽짝에 들어서면 모두가 반갑게 맞아 주었고, 해가 질 무렵까지 질펀하였다.

막걸리는 어머니 젖빛이다. 흉년이 거듭 되어 당신은 밥 한 그릇 제대로 먹지 못하였다. 멀건 나물죽으로 배를 채웠으니 젖인들 제대로 나왔겠는가. 젖이 늘 부족하여 흥건하게 물을 탄 밀주에 사카린을 넣어 시부모의 눈을 피해 가며 마셨다. 희멀건 뜨물에 지나지 않았으니 영양분인들 있었을까. 뱃가죽처럼 말라붙은 어머니의 젖을 여섯 오누이가 짓무르도록 빨아댔다. 나오지 않는 젖으로 칭얼대는 자식들보다 어머니가 먼저 울었으리라.

퇴근길이면 마을 고샅, 구판장을 자주 찾는다. 여기에는 땅을 벗하며 묵묵히 고향을 지키는 이웃들의 훈훈한 정이 넘쳐난다. 술잔을 건네면서 풋풋한 인정을 마신다. 희뿌연 막걸리 빛 어머니의 젖을 마신다.

기저귀

부모님도 딸 다섯에 아들 하나, 나 또한 딸 둘에다 시집간 여식마저 줄줄이 딸을 생산하였다. 한 번씩 모일 때면 와삭와삭 치맛바람은 방 안까지 일렁인다.

일 년 전 장가든 아들이 무슨 재주를 부렸는지, 고추를 단 손자가 고고지성呱呱之聲을 터뜨렸다. 성탄전야에 징글벨 소리와 아가의 울음소리가 멋진 화음으로 들린다. 여명이 열리기 전 고요한 산사에 예불을 올리는 목탁소리가 이보다 더 청아할 수 있을까. 새벽에 울리는 교회의 종소리가 이보다 더 맑을 수 있을까.

보는 사람마다 할아버지 닮았다는 말에 기분은 괜찮지만, 한편으론 걱정이 앞선다. 나처럼 짧고 몽땅하면 원망의 화살이 얼마나 따가울지. 겨우 한 칠 지난 준서의 몽실몽실한 다리에 쭉쭉이다. 온몸을 뒤틀며 시원스런 몸동작으로 화답한다. '할배 걱정하지 마세요.'라는 표정으로.

배고프면 울고, 배부르면 잔다. 똥오줌을 자주 싼다. 내 자식 기저귀 가려본 기억이 아슴한데, 손자에게는 스스럼없이 손이 간다. 배설물이 밉지 않다.

몇 년 전, 어머님 편찮아 누웠을 때 기저귀와 전쟁을 벌였다. 채우기 바쁘게 갈기갈기 찢어댔다. 구순이 넘은 나이에 새로이 기저귀를 찼으니 얼마나 답답하였을까. 대소변을 몸소 해결치 못했으니 자식에게 얼마나 미안해하였을까. 가끔 기저귀를 갈아드리면서 얼굴은 번데기 상으로 변하였다. 그러나 손자의 기저귀는…. 극명한 양면성에 얼굴이 뜨겁다.

나 역시 기저귀를 안 찬다고 자신 있게 말할 수 없잖은가.

훗날

'인간칠십 고래희人間七十 古來稀'라는 말은 흘러간 옛이야기가 되어버렸다. 거의 팔십이 훌쩍 넘은 호호백발의 할머니들이 회색 공간에 갇혀 마지막 명줄을 부여잡고 있다. 창밖으로 떨어지는 나뭇잎을 망연히 바라보는 눈길들이 처연하다.

요즘 들어 부쩍 많이 늘어난 것이 노인 병원이며, 요양시설이다. 그것은 무엇을 말함인가. 빠른 핵가족화로 효의 개념이 땅에 떨어졌음이다. 부모를 시설로 보내는 것을 당연하게 생각한다. 심지어 인적이 드문 곳에 마치 쓰레기 버리듯 하는 고약한 세상이 되어 버렸다. 덩달아 돈 되는 사업인지 너나없이 뛰어들고,

주요 거리마다 홍보의 물결로 부추긴다. 이제는 늙은 부모를 모시는 일은 뒷전으로 밀려나고 요양원에 보내는 것이 자연스러운 현상이다.

소리를 듣지 못하는 처가의 이모는 구십이 넘었다. 그녀는 열여섯에 결혼하여 여인으로서 탯줄을 끊어보는 행복조차 누리지 못하였다. 젊은 나이에 남편을 여의고 죽은 뒤 제사상이나 받고자 양자를 들였다. 물려받은 집 한 채마저 홀랑 없애고는 종적을 감추었다. 돈 냄새가 풍길 때는 뻔질나게 눈도장을 찍어대더니 송장을 맡을까 봐 발걸음을 끊은 지 오래다. 친정 쪽 일이라 안쓰러워하는 아내에게

"우짜겠노. 불쌍한 노인 한 사람 모시는 셈 치면 안 되겠나."

시뜻하게 던지는 말에 콧물을 찍어낸다.

'어머니도 제대로 모시지 못한 처지에 처이모까지….' 비좁은 생각이 들킨 것 같아 부끄럽다.

도토리묵을 들고 병실 문을 열었다. 노파들의 시선이 나에게 머무른다. 동태처럼 풀어졌던 눈동자에 생기가 돈다. 이모는 합죽한 입술을 달달 떤다. 잘 빚은 묵을 입언저리에 갖다 대기 바쁘게 넙죽넙죽 받아낸다. 곁에 할머니들의 침 넘어가는 소리가 깔딱 깔딱 들린다. 머리가 파 뿌리같이 하얀 그들에게 한 조각

씩 물리면 짝짝 벌리는 입은 새끼제비 모양이다. 먹이를 놓칠세라 나무젓가락까지 게걸스럽게 깊숙이 삼킨다. 그 순간만큼은 모두가 행복한 얼굴이다.

대부분 대소변을 받아 낸다. 그 중 102세 되는 할머니만 정신이 맑고 정정하다. 매스컴에서 간간이 나오기는 하지만, 백 살 넘은 할머니와의 대화는 많은 것을 생각게 하였다.

"옆에 누운 할망구가 너거 엄마가?" 아들처럼 여겼음인지 말을 쉽게 해버린다. 나도 시부저기 장난기가 발동한다.

"아니다. 처이모다. 할매는 건강해 보이는 데 와 여기 누워있노?"

"자기 부모도 팽개치는 판에 처가 식구까지."라며 꺼질 듯한 한숨을 내쉬면서 연방 눈자위를 찍어댄다. 할머니의 아들딸은 잘 먹고 잘 산다는 요양사의 말이 가슴을 찌른다.

긴 병에 효자 없다는 말이 꼭 맞는 말이다. 삼 년 전, 92세로 세상을 하직한 어머니를 모시면서 불효를 저질렀다.

어느 날 갑자기 나를 향하여 "아저씨는 누군교."라며 아들까지 알아보지 못했을 때는 하늘이 노랬다. 똥오줌 기저귀와 싸우다 보니 짜증이 났다. 더불어 정성의 농도도 묽어져 갔다. 훗날 내가 뿌린 자식에게 효를 바란다는 것은 욕심이다. 부모와 자식간에 갈등이 엉키지 않으려면 미리부터 마음을 비워냄이 현명할 듯싶다.

나이를 먹으면 어린아이가 된다는 말을 실감한다. 조그마한 일에도 투정을 부리고 잘 삐친다.

"바쁠 낀 데 너희 할 일이나 하라." 말하면서도, 출가한 자식들을 은연중 기다린다. 99세에 시집을 낸 할머니도 혼자 있기가 가장 무섭다고 한다. 자식이 찾아올 때 반가움보다는 떠날 때가 두렵다고 하였다. 병실 문을 나설 때 잘 가라는 손짓 뒤에는 처절한 외로움이 서려 있을 게다.

할머니들은 격리된 공간에서 생명줄을 움켜쥐고 전전긍긍한다. 언젠가는 다가올 자화상이다. 생명의 이치를 일깨우는 듯, 플라타너스는 주황빛 이파리를 여유롭게 떨쳐내고 있었다.

여우의 머리가 되다

아들을 타향으로 보내는 어머니의 애틋한 눈빛이 아직도 생생하다. 울며 소맷귀 부여잡는 낙랑공주의 처연한 이별 장면도 여기에 비길 수 있으랴.

무슨 큰 영화를 누리겠다고 늙으신 부모님을 뒤로하였다. 공무원이라면 유지로 인식되었던 터다. 그 생활을 마다하고 대구로 떠나온 지 30년 만에 귀향이다. 되돌아보니 아쉽고 미진한 부분이 너무 많다. 금의환향도 아니다. 떠날 올 때는 일확천금으로 벼락부자가 될 것 같은 야심과 장밋빛 꿈으로 가슴이 부풀었지만, 그러하지 못했으니.

도시의 생활은 만만치 않았다. 처음에는 외국계 회사에 취직하였다. 그 경험을 바탕으로 자영업을 시작하였지만, 거래처 개발은 낙타가 바늘구멍 뚫기였다.

"어서 오세요. 당신의 물건을 사 드릴게요." 기다리는 고객이 어디 있겠는가. 사업을 벌인지 일 년도 채 못 되어 석유파동으로 거래처 여러 곳이 부도를 내어버렸다. 그 바람에 전답을 처분한 장사 밑천은 한방에 날아갔고, 겨우 극복하여 제자리에 서는가 했더니 IMF의 회오리바람은 모든 자본금을 공중분해 시켜버렸다. 의욕은 사라지고 비 맞은 생쥐처럼 축 저졌다. 당장 걷어치우고 싶은 심정이었다.

"칠순 부모님과 농촌을 등지고 나가더니 별 볼 일 없구나." 쑥덕이는 소리는 불을 보듯 뻔할 터인데. 자존심이 허락하지 않았다. 안쓰러워하실 부모님 모습이 눈에 밟혀 배수진을 쳤다. 실패는 쓰라림을 남겼지만, 체험은 곤경에서 헤쳐 나오는 힘의 원천으로 삼았다.

대구의 30년 생활은 많은 추억을 만들었다. 무엇보다 술이 많이 늘었다. 유흥가로 유명한 대구 삼덕동 룸 살롱을 안방 드나들 듯하였다. 퇴근하면 집보다는 술집을 먼저 찾았고, 사업을 핑계로 자정을 넘기기 일쑤였다. 거나해지면 끝장을 봐야 했으니까. 그 영향으로 간은 약간 부어 있고 핏속에 기름기가 더덕더덕하다는 의사의 진단이다. 주머니도 많이 축냈으리라.

"당신이 마신 술은 자그마한 저수지를 채웠을 것이고, 요량만 했더라면 아파트 몇 채를 샀을 것이다." 아내의 긁어대는 바가지에 할 말이 없다. 와이셔츠에 립스틱 묻혀 와도 모르는 채 눈 감아준 아내가 고마웠다.

우리나라 명산은 거의 올랐고 테니스 원정도 무던히 다녔다. 바둑은 도끼자루 썩는 줄 몰랐다. 사회단체에도 발을 담가 남의 마음은 뒤지면서 나의 추한 내면은 연막을 쳤으니….

'남의 눈에 티끌은 보면서 나의 눈에 들보는 왜 보지 못하느냐.' 라는 성구는 뒷전이었다. 늦게나마 시작한 글쓰기는 기쁨이다. 글을 쓰는 순간만큼 정서가 순화되고 영혼이 맑아짐을 느낄 수 있으니까.

'나이를 먹으면 시골로 가야지.'라고 마음은 먹고 있었지만, 막상 정들었던 가재를 정리하니 콧잔등이 시큰하다. 한창 일할 나이에 고향을 등졌다가 용도폐기 시점에서 귀향이다. 묵묵히 고향을 지켜온 분들에게 괜스레 미안하다. 썰물처럼 밀려난 살가죽은 탄력을 잃어가고, 날을 세운 뼈마디 사이로 정맥이 불거졌다. 약해진 손으로 할 일이 남아 있을지. 30년이면 강산이 세 번이나 바뀌었다. 트럭에 매달려 먼지를 덮어썼던 신작로는 4차선으로 뻥 뚫리고, 솔방울 땄던 무학산 허리에는 차량이 질주한다.

'여우도 죽어서는 머리를 고향으로 둔다.' 라고 하지 않았던가. 영험 있는 팔공산 갓바위와 무학산의 서기가 어렸으니 마음이 평온하다. '유붕 자원방래 불역락호有朋 自遠方來 不亦樂乎' 멀리서 친구 올 때, 텁텁한 막걸리 잔 들이켜면 즐겁지 아니한가.

고쳐 지은 제비집

인쇄 2011년 8월 8일
발행 2011년 8일 20일
지은이 / 박 기 옥
펴낸이 / 김 창 석
펴낸곳 / 홍익출판사
주소 / 대구시 중구 삼덕3가 245-2
전화 / 053) 421-6700, 427-3627
팩스 / 053) 423-5965
등록번호 / 1987년 11월 26일 제1-107호
E-mail / hongick88@hanmail.net

정가 10,000원

ISBN 978-89-7826-228-6 03810